BEI GRIN MACHT SICH IHR WISSEN BEZAHLT

- Wir veröffentlichen Ihre Hausarbeit,
  Bachelor- und Masterarbeit

- Ihr eigenes eBook und Buch -
  weltweit in allen wichtigen Shops

- Verdienen Sie an jedem Verkauf

Jetzt bei www.GRIN.com hochladen und kostenlos publizieren

Bibliografische Information der Deutschen Nationalbibliothek:

Die Deutsche Bibliothek verzeichnet diese Publikation in der Deutschen National-
bibliografie; detaillierte bibliografische Daten sind im Internet über http://dnb.d-
nb.de/ abrufbar.

Impressum:

Copyright © 2010 GRIN Verlag, Open Publishing GmbH
Druck und Bindung: Books on Demand GmbH, Norderstedt Germany
ISBN: 9783640641390

Dieses Buch bei GRIN:

http://www.grin.com/de/e-book/147240/hochverfuegbarkeit-von-datenbanken-aus-
wirtschaftlicher-und-technologischer

Uwe Hesse

Hochverfügbarkeit von Datenbanken aus wirtschaftlicher und technologischer Perspektive am Beispiel von Oracle Data Guard

GRIN Verlag

FernUniversität in Hagen

Fakultät für Wirtschaftswissenschaft

Masterarbeit
im weiterbildenden Masterstudiengang
„Hagener Masterstudium Management"
zur Erlangung des akademischen Grades
„Master of Science"

über das Thema

Hochverfügbarkeit von Datenbanken

aus wirtschaftlicher und technologischer Perspektive

am Beispiel von Oracle Data Guard

eingereicht

im Studienbereich: Wirtschaftsinformatik

von

Name: Uwe Hesse

Abgabedatum: 01.02.2010

Studiendurchgang: M5

Inhaltsverzeichnis

Abbildungsverzeichnis

Abkürzungsverzeichnis

CWDM:	Coarse Wavelength Division Multiplexing
DWDM:	Dense Wavelength Division Multiplexing
LAN:	Local Area Network
MAA:	Maximum Availability Architecture
MAN:	Metropolitan Area Network
RAC:	Real Application Clusters
ROI:	Return on Investment
RPO:	Recovery Point Objective
RTO:	Recovery Time Objective
SAN:	Storage Area Network
SPOF:	Single Point of Failure
TCO:	Total Cost of Ownership

Tabellenverzeichnis

Glossar

Automatic Storage Management: Von Oracle bereitgestellte Infrastruktur zur Verwaltung von Storage; bündelt mehrere physische Laufwerke (Devices) zu übergeordneten logischen Einheiten (Diskgroups), wobei Dateien über diese logischen Einheiten verstreut (striped) und optional gespiegelt werden können.

Active-Active-Cluster: Verbund von Rechnern, die je produktiv im Einsatz sind.

Active-Passive-Cluster: Verbund von Rechnern, bei dem mindestens ein Rechner nicht produktiv arbeitet, sondern nur bei Ausfall eines anderen Rechners als Ersatz aktiviert wird.

Asynchrone Übertragung: Änderungsinformationen, die zur Aktualisierung eines sekundären Datenbestands verwendet werden, der bei Ausfall des primären Datenbestands aktiviert wird, werden in diesem Fall nicht unmittelbar bei Änderung des Originals übertragen – insbesondere kann die Änderung des Originals bereits geschehen, bevor die Übertragung abgeschlossen wurde.

Ausfallzeit: Zeit, in der ein produktives System – im vorliegenden Fall eine Oracle-Datenbank – nicht zur Verfügung steht.

Bandbreite: Bezeichnet im Netzwerkumfeld das Datenvolumen, das pro Zeiteinheit übertragen werden kann. Häufig in Megabit/Sekunde angegeben.

Cache Fusion: Begriff aus dem →RAC – Umfeld. Bezeichnet die Möglichkeit, Daten aus einer →Instanz, die auf einem Rechner im Cluster läuft, über den →Private Interconnect in die – auf einem anderen Rechner im Cluster laufende – Instanz zu übertragen, wo die Daten ebenfalls angefordert werden, ohne dass dazu mittels I/O auf Dateien zugegriffen werden müsste.

Connect Time Failover: Technik, mit der die Verbindungsaufnahme von Clients zur produktiven Datenbank auch dann gelingt, wenn die ursprüngliche →primäre Datenbank im Rahmen eines →Failover oder →Switchover durch die →Standby Datenbank ersetzt wurde.

Database Replay: Technik, mit der die Belastung einer produktiven Oracle-Datenbank aufgezeichnet und auf einer Test-Datenbank wieder abgespielt werden kann.

Data Guard: Bezeichnung von Oracle für die Hochverfügbarkeitslösung, bei der eine →primäre Datenbank durch mindestens eine →Standby Datenbank abgesichert wird.

Datenbank: Aus Dateien bestehende Komponente eines Oracle-RDBMS.

Delay: Zeitraum, um den die Aktualisierung einer →Standby Datenbank absichtlich verzögert wird.

Failover: Der Wechsel auf eine →Standby Datenbank, wenn die →primäre Datenbank nicht verfügbar ist.

Fast-Start Failover: Automatisches →Failover, das durch einen →Observer ausgelöst wird.

Flashback: Technik, mit der ein logischer Fehler ohne großen Aufwand rückgängig gemacht werden kann.

Geplante Ausfallzeit: Beabsichtigte →Ausfallzeit, die i.d.R. zur Durchführung von Wartungsarbeit erforderlich ist.

Heterogene Konfiguration: →primäre Datenbank und →Standby Datenbank befinden sich auf Rechnern mit unterschiedlichem Betriebssystem.

Hochverfügbarkeit: Ein System, das selbst bei Ausfall einer (wesentlichen) Komponente weiterhin benutzbar bleibt, wird als hochverfügbar bezeichnet.

Instanz: Komponente eines Oracle-RDBMS, die aus Hauptspeicherstrukturen und Hintergrundprozessen besteht. Erforderlich, um auf die →Datenbank produktiv zugreifen zu können.

Latenz: Begriff aus dem Netzwerkumfeld. Bezeichnet die Zeit, die für die Signalübertragung aufgewendet wird. Häufig in Millisekunden (ms) angegeben.

Local Area Network: Rechnernetzwerk innerhalb eines Gebäudes; i.d.R. mit Distanzen nicht über 2km.

Logical Standby: →Standby Datenbank, die mit →SQL Apply aktualisiert wird.

Metropolitan Area Network: Rechnernetzwerk innerhalb einer Stadt; i.d.R. mit Distanzen nicht über 50km.

Maximum Availability: Zweithöchster Schutzmodus bei →Data Guard. Ermöglich →Zero-Data-Loss bei Ausfall einer Komponente.

Maximum Availability Architecture: Von Oracle empfohlene High-End-Architektur, die die Vorteile von →RAC und →Data Guard kombiniert.

Maximum Performance: Niedrigster Schutzmodus bei →Data Guard. Führt zu keiner Beeinträchtigung der Performance der →primären Datenbank, selbst bei sehr großen Distanzen. Bei →Failover kann Datenverlust auftreten.

Maximum Protection: Höchster Schutzmodus bei →Data Guard. Ermöglich →Zero-Data-Loss, selbst wenn zwei Komponenten ausfallen.

Observer: Prozess, der im Schadensfall ein →Fast-Start Failover auslösen kann.

Physical Standby: →Standby Datenbank, die mit →Redo Apply aktualisiert wird.

Plattform-Migration: Wechsel von einer Betriebssystem-Plattform zu einer anderen, z.B. von Windows zu Linux.

Primäre Datenbank: Produktive Datenbank, zu deren Absicherung im Falle einer →Ausfallzeit eine →Standby Datenbank betrieben wird.

Private Interconnect: Dedizierte Netzwerkverbindung der Server innerhalb eines →Real Application Clusters zum Zwecke des Austausch von Koordinierungsinformation und produktiv genutzter Daten.

RAC on Extended Distance Clusters: →Real Application Clusters, bei dem das →Shared Storage über eine größere Entfernung gespiegelt wird.

Real Application Cluster: →Datenbank, mit der mehrere →Instanzen verbunden sind, wobei die Datenbank auf einem →Shared Storage liegt und die Instanzen auf unterschiedlichen Servern laufen, die daran angeschlossen sind.

Real-Time Query: Technik, mittels derer eine →Physical Standby auch dann jederzeit produktiv lesend verwendet werden kann, während das →Redo Apply durchgeführt wird.

Recovery: Aktualisierung einer zuvor durchgeführten Sicherung mit →Redo-Protokoll.

Recovery-Point-Objective: Datenverlust, der bei einem →Failover maximal hingenommen werden kann, gemessen in Zeiteinheiten.

Recovery-Time-Objective: Zeitdauer, die nach einem Ausfall der →primären Datenbank maximal verstreichen darf, bis wieder produktiv mit den (ursprünglich in der primären Datenbank vorhandenen) Daten gearbeitet werden kann.

Redo-Apply: Aktualisierungsform einer →Physical Standby, die nach dem Prinzip des →Recovery arbeitet.

Redo Compression: Technik, bei der das →Redo-Protokoll, das bei →asynchroner Übertragung übertragen wird, zum Zwecke des geringeren Bedarfs an →Bandbreite komprimiert wird.

Redo Stream: Bezeichnung für das fortwährende Übertragen des →Redo-Protokolls von einer →primären Datenbank zu einer →Standby Datenbank.

Redo-Protokoll: Information, die bei der Änderung von Daten aufgezeichnet wird, um diese Änderung bei Bedarf – z.B. im Rahmen eines →Recovery - erneut durchführen zu können.

Remote Mirroring: Technik, mittels derer die Änderung von Dateien auf einem Storage-System auf einem - weiter entfernten - zweiten Storage-System gespiegelt wird.

Restore: Bezeichnung für das Wieder-Einspielen einer zuvor durchgeführten Sicherung.

Return on Investment: Bezeichnung für das Verhältnis aus dem erwarteten Mehrwert und den Kosten einer Investition.

Rolling Upgrade: Wechsel auf eine höhere Version der Datenbank-Software, der mithilfe von →Logical Standby mit sehr geringer →geplanter Ausfallzeit durchführbar ist.

Schema: Bezeichnung für einen Benutzer innerhalb einer Oracle-Datenbank inkl. aller Objekte (Tabellen, Indizes etc.), die dieser Benutzer besitzt.

Shared Storage: Storage-System, an das mehrere Rechner angeschlossen sind, die es gleichzeitig verwenden.

Single Point of Failure: Bezeichnung für eine Komponente, deren Ausfall die Verfügbarkeit des gesamten Systems beeinträchtigt.

Snapshot Standby: →Standby Datenbank, die zu Testzwecken eingesetzt wird.

Split-Brain: Effekt der bei einem Multikomponenten-Datenverarbeitungssystem eintreten kann, wenn aufgrund von Koordinierungsproblemen mehrere Komponenten einen autarken Status beanspruchen, so dass mehrere Systeme entstehen, die nicht länger eine konsistente Darstellung der Daten gewährleisten.

Split-Mirror-Backup: Verfahren zur Datensicherung, bei dem die Performance-Beeinträchtigung der zu sichernden Datenbank minimiert wird. Der primäre Datenbestand wird dabei (kostenaufwendig) auf zwei Storage-Systemen gespiegelt, von denen eines zum Zwecke der Sicherung vorübergehend von der Spiegelung des primären Datenbestandes abgekoppelt wird.

SQL Apply: Aktualisierungsform einer →Logical Standby, bei der aus dem von der →primären Datenbank stammenden →Redo-Protokoll das dort erfolgte SQL regeneriert und an der Logical Standby ausgeführt wird.

Standby Datenbank: Datenbank, die einen Datenbestand aufweist, der mit einer →primären Datenbank weitgehend identisch ist, so dass auf der Standby Datenbank bei Ausfall der primären Datenbank produktiv weitergearbeitet werden kann.

Standby Logs: Dateien, die bei einer →Standby Datenbank verwendet werden, um das von der →primären Datenbank empfangene →Redo-Protokoll zwischenzuspeichern, bevor es zur Aktualisierung verwendet wird.

Storage Area Network: An ein Netzwerk angeschlossene Datenspeicher-systeme, die Rechnern zur Verfügung stehen, die ebenfalls mit dem Netzwerk verbunden sind.

Storage-Migration: Bezeichnung für die Verlagerung der Daten eines Daten-verarbeitungssystems von einem Storage zu einem anderen.

Switchover: Bezeichnung für den Rollentausch zwischen →primärer Datenbank und →Standby Datenbank.

Synchrone Übertragung: Änderungsinformationen, die zur Aktualisierung eines sekundären Datenbestands verwendet werden, der bei Ausfall des primären Datenbestands aktiviert wird, werden in diesem Fall unmittelbar bei Änderung des Originals übertragen – insbesondere kann die Änderung des Originals nicht geschehen, bevor die Übertragung abgeschlossen wurde.

Transaktion: Eine Folge von verändernden SQL-Befehlen, die bei vollständiger Ausführung einen logisch konsistenten Datenbestand hinterlassen.

Total Cost of Ownership: Die gesamten Kosten, die durch Anschaffung, Betrieb und Wartung eines Produktes entstehen.

Ungeplante Ausfallzeit: →Ausfallzeit, die unversehens aufgrund eines technischen Problems oder eines menschlichen Fehlers eintritt.

Wavelength Division Multiplexing: Frequenzmultiplexverfahren, das bei der Netzwerk-Übertragung von Daten eine hohe Dichte der zu übertragenden Wellenlängen verwendet.

Zero-Data-Loss: Ausdruck der Fähigkeit einer Sicherungslösung, bei einer Beschädigung des zu sichernden Systems eine vollständige Wiederherstellung des Datenbestandes - ohne jeglichen Verlust einer festgeschriebenen →Transaktion – zu ermöglichen.

Vorbemerkung

Wenn im vorliegenden Text die männliche Form eines Wortes in einem Kontext auftaucht, in dem ebensogut bzw. zusätzlich die weibliche Form verwendet werden könnte, so geschieht dies ausschließlich der besseren Lesbarkeit wegen. Beispielsweise wird „Administrator" verwendet werden und *nicht* „Administrator und Administratorinnen" bzw. „AdministratorInnen". Eine wie auch immer geartete Diskriminierung ist damit nicht beabsichtigt.

Einleitung

In der vermutlich überwiegenden Zahl der Unternehmen gehören heutzutage Datenbanken zum Kern der IT-Infrastruktur, und ein Ausfall dieser wesentlichen Ressource würde ernsthafte Folgen zeitigen, u.U. gar die Unternehmensexistenz gefährden. Die vorliegende Arbeit soll Wege aufzeigen, wie ein solcher Verlust der Datenbank-Verfügbarkeit vermieden werden kann, wobei neben technologischen Aspekten auch wirtschaftliche und organisatorische Gesichtspunkte betrachtet werden.

Auf diese Weise soll die Entscheidungsfindung bzgl. der diskutierten Varianten nach ökonomischen Kriterien ermöglicht werden. Der technologische Aspekt wird dabei in einer Tiefe behandelt, die für eine auch technisch fundierte Entscheidung ausreicht, jedoch nicht als Anleitung zur Implementierung dienen kann.

Der Fokus auf Datenbanken und Hochverfügbarkeits-Lösungen des Herstellers ORACLE erscheint dabei insofern gerechtfertigt, als unternehmenskritische Datenbanken mehrheitlich Oracle-Datenbanken sein dürften, hat doch dieser Hersteller laut einer aktuellen Studie der GARTNER GROUP (GRAHAM et al. 2009) einen Marktanteil von 48,9 Prozent – mehr als die nachfolgenden sechs Hersteller zusammen.

Hochverfügbarkeit bedeutet grundsätzlich, dass selbst bei Ausfall einer Kernkomponente der Betrieb des (Datenbank-)Systems weiterhin möglich ist, ohne dass Anwender mehr als eine kurze Unterbrechung wahrnehmen (s. IEEE 2009).

In einem strengeren Sinne ist der Begriff „Hochverfügbarkeit" von der HARVARD RESEARCH GROUP so definiert, dass ein hochverfügbares System nur eine Ausfallzeit von 52,2 Min pro Jahr gestattet (vgl. HELD 2005, S. 45).

Beiden Auslegungen kann mit den in dieser Arbeit diskutierten Techniken entsprochen werden.

Data Guard ist die Bezeichnung, die Oracle für die Hochverfügbarkeitslösung verwendet, bei der eine *primäre Datenbank* durch mindestens eine *Standby Datenbank* abgesichert wird. Technologische und wirtschaftliche Aspekte dieser Architektur bilden den Schwerpunkt der vorliegenden Arbeit.

Im **ersten Kapitel** werden zunächst die rechtlichen Vorgaben angesprochen, die neben wirtschaftlichen Erwägungen ein Anlaß sein können, die Umsetzung einer Hochverfügbarkeitslösung zu erwägen. Im **zweiten Kapitel** werden dann wirtschaftliche und organisatorische Gesichtspunkte von Hochverfügbarkeit thematisiert, wobei insbesondere auf die Notwendigkeit einer angemessenen Balance zwischen Anforderungen hinsichtlich Dauer eines möglichen Ausfalls, potenziell eintretenden Datenverlusts und aufzuwendender Kosten hingewiesen wird. Das **dritte Kapitel** führt in grundlegende Konzepte der hier diskutierten Hochverfügbarkeitslösung ein, ohne allerdings eine detaillierte technische Darstellung anzustreben. **Kapitel Vier** erläutert die drei unterschiedlichen Schutzmodi, die Data Guard anbietet. Wiederum ist das technische Niveau der Darstellung hinreichend, um eine fundierte Einschätzung zu ermöglichen, die jedoch von wirtschaftlichen und organisatorischen Erfordernissen geleitet ist.

Das **fünfte Kapitel** befaßt sich mit einem Hauptgrund zur Implementierung einer Hochverfügbarkeitslösung: Tritt der Schadensfall ein, kann mittels Einsatz der zu diesem Zwecke vorgehaltenen Redundanz weitergearbeitet werden. Methoden, Zeitbedarf und der – abhängig von der Methode - möglicherweise eintretende Datenverlust werden dort besprochen.

Das **Kapitel Sechs** behandelt dagegen den Umgang mit Situationen, bei denen die Datenbank nicht aufgrund technischen oder menschlichen Versagens ausfällt, sondern aufgrund beabsichtigter Wartungsarbeiten nicht verfügbar ist. Auch solche Zeiten sind mit der hier erörterten Technologie minimierbar. Im **siebten Kapitel** werden diverse zusätzliche Nutzungsmöglichkeiten von Data Guard angesprochen, die neben dem eigentlichen Hauptzweck, Hochverfügbarkeit herbeizuführen, die aufzuwendenden Kosten zu relativieren geeignet sind. Das **achte Kapitel** schließlich vergleicht Data Guard mit anderen Alternativen, die ebenfalls mit dem Ziel, Hochverfügbarkeit für Oracle-Datenbanken zu ermöglichen, eingesetzt werden könnten.

1 Rechtliche Vorgaben

Vielfach bestehen neben organisatorischen auch rechtliche Anforderungen, die die Verfügbarkeit von Datenbanken verlangen. Relativ konkret fassbar ist dies insbesondere bei Banken, Telekommunikations-Dienstleistern und Energie-versorgern:

> AT 7.2 Technisch-organisatorische Ausstattung
>
> [..] Die IT-Systeme (Hardware- und Software-Komponenten) und die zugehörigen IT-Prozesse müssen die Integrität, die *Verfügbarkeit*, die Authentizität sowie die Vertraulichkeit der Daten sicherstellen.
>
> AT 7.3 Notfallkonzept
>
> [..] Die Geschäftsfortführungspläne müssen gewährleisten, dass im Notfall zeitnah Ersatzlösungen zur Verfügung stehen. Die Wiederanlaufpläne müssen *innerhalb eines angemessenen Zeitraums* die Rückkehr zum Normalbetrieb ermöglichen.

(BAFIN, 2009, Hervorh. durch den Verf.)

> § 109 Technische Schutzmaßnahmen
>
> [...] Wer Telekommunikationsanlagen betreibt, die dem Erbringen von Telekommunikationsdiensten für die Öffentlichkeit dienen, hat [...] angemessene technische Vorkehrungen [...] zum Schutze gegen Störungen, die zu erheblichen Beeinträchtigungen von Telekommunikationsnetzen führen, und gegen äußere Angriffe und Einwirkungen von Katastrophen zu treffen.

(TKG, 2004)

> § 13 Systemverantwortung der Betreiber von Übertragungsnetzen
>
> Zur Vermeidung schwerwiegender Versorgungsstörungen haben Betreiber von Übertragungsnetzen jährlich eine Schwachstellenanalyse zu erarbeiten und auf dieser Grundlage notwendige Maßnahmen zu treffen.

(ENWG, 2005)

In anderen Branchen sind die gesetzlichen Vorgaben bzgl. der Sicherstellung der Verfügbarkeit von Unternehmensdaten weniger konkret beschrieben aber gleichwohl vorhanden bzw. ableitbar, etwa:

> § 91 Organisation. Buchführung (Abs. 2)
>
> Der Vorstand hat geeignete Maßnahmen zu treffen, insbesondere ein Überwachungssystem einzurichten, damit *den Fortbestand der Gesellschaft gefährdende Entwicklungen* früh erkannt werden.

(AKTG, 2009, Hervorh. durch den Verf.)

Des weiteren leitet sich aus dem US-amerikanischen <u>Sarbanes-Oxley Act von 2002</u> nach KNOLMAYER & WERMELINGER auch für Unternehmen außerhalb der USA, sofern sie börsennotiert oder Tochtergesellschaften börsennotierter US-Unternehmen sind, u.a. die Pflicht ab, für die „permanente" Verfügbarkeit von für die Geschäftstätigkeit relevanten Daten zu sorgen (2006, S. 12 ff.).

Es handelt sich also nicht allein um technische Fragen, die ausschließlich in den Bereich und die Verantwortung der IT-Abteilung eines Unternehmens fallen; vielmehr ist die Unternehmensleitung im Zweifelsfall verantwortlich und sollte daher auch bei der Planung und Umsetzung von Maßnahmen zur Gewährleistung von Hochverfügbarkeit involviert sein (vgl. HIATT 2000, S. 13 ff). Zu dieser Schlußfolgerung kommt ebenso HUMPHREY (2005):

> It is becoming increasingly apparent that the nature of the business continuity plan development process and regulatory requirements demand a more integrated participation level by those responsible for leading an organization.

2 Wirtschaftlicher/Organisatorischer Bedarf an Hochverfügbarkeit

In diesem Abschnitt sollen zum einen die wirtschaftlichen Konsequenzen eines (vorübergehenden) Verlusts der Datenbankverfügbarkeit betrachtet werden, zum anderen soll dargestellt werden, inwiefern die jeweilige Lösung mit unterschiedlich hohem Kostenaufwand verbunden ist, entsprechend den unterschiedlich hohen Unternehmensanforderungen. Leitend sind hierbei die drei Grundregeln des Risikomanagements nach ROSENKRANZ & MISSLER-BEHR (2006, S. 277):

> 1 Don't risk more than you can afford to lose
> 2 Consider the odds
> 3 Don't risk a lot for a little

Mit anderen Worten muß erkannt werden, ob ein (vorübergehender) Verlust der Datenbankverfügbarkeit unternehmensbedrohend ist (1), die gewählte Lösung muß vom Aufwand her den Anforderungen entsprechen (2), und es darf nicht an der falschen Stelle gespart werden (3). Hierzu eine prägnante Aussage:

60% of companies affected by a major disaster go out of business within two years. (HIATT 2000, S. 7)

Die Kosten, die der Ausfall der IT-Infrastruktur pro Stunde verursacht, wurden in verschiedenen Studien beziffert und sind naturgemäß insbesondere von der Unternehmensgröße und der IT-Affinität des Unternehmens abhängig. So reichen die genannten Werte von 50.000 Dollar pro Stunde (lt. EAGLE ROCK ALLIANCE, 2001), bis zu über 800.000 Dollar pro Stunde (lt. PATTERSON, 2002)

Unabhängig von den konkreten Kosten der *Ausfallzeit*, die je Unternehmen variieren, bleibt festzuhalten, dass solche Ausfallzeiten mit (ev. extrem hohen) Kosten verbunden sind, die es zu minimieren gilt. Ausfallzeit kann wiederum unterschieden werden in *geplante Ausfallzeit* und *ungeplante Ausfallzeit*. Die folgende Übersicht stellt eine – unvollständige – Aufzählung typischer Ursachen von Ausfallzeit dar.

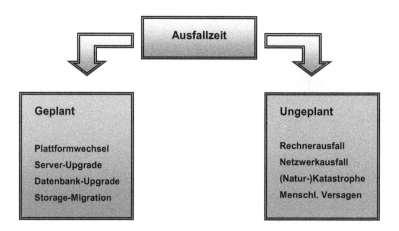

Abb. 1 Arten von Ausfallzeit und typische Ursachen (Eigene Darstellung)

In allen oben angeführten Fällen kann Oracle Data Guard eingesetzt werden, um die entstehende Ausfallzeit zu minimieren, wie nachfolgend noch näher ausgeführt werden wird.

Die für die *Standby Datenbank* aufgewandten Investitionskosten sowie die Kosten für den Betrieb – hauptsächlich die Personalkosten der Datenbankadministratoren, die allerdings nur einen geringen Arbeitsaufwand mit der Verwaltung von Data Guard haben werden (vgl. RAY 2005) – stehen dann den eingesparten Kosten, die die Ausfallzeiten ansonsten verursacht hätten, gegenüber. Vermutlich werden in vielen Fällen bereits die durch die Minimierung der geplanten Ausfallzeit eingesparten Kosten die Kosten für die hier diskutierte Hochverfügbarkeitslösung überwiegen.

Nun ist allerdings nicht allein die zeitliche Dauer der Nicht-Verfügbarkeit der IT-Infrastruktur bzw. der Datenbank von Bedeutung, sondern ebenso der Umfang des durch einen Schaden u.U. eingetretenen Datenverlustes. In der englischsprachigen Fachliteratur finden sich hierzu die beiden Metriken *Recovery-Time-Objective (RTO)* und *Recovery-Point-Objective (RPO)*:

> The RTO defines how quickly information systems, services and processes must be operational following some kind of incident, including recovery of applications and data and end-user access to those applications.
>
> The RPO is the point in time that marks the end of the period during which data can still be recovered [...] It defines what is an acceptable loss of data.

(CLAUNCH, 2004, S. 4)

Um die Metrik RPO mit zwei Beispielen aus den Extrema des vorhandenen Spektrums zu verdeutlichen: Eine Firma mit einer relativ wenig unternehmenskritischen Datenbank wird u.U. nur wöchentlich eine Sicherung vornehmen und diese im Schadensfall wiederherstellen. Alle Änderungen am Datenbestand seit der Sicherung sind damit verloren (RPO maximal sieben Tage). Ein Unternehmen mit hochkritischer Datenbank wird eine „Zero-Data-Loss"-Lösung (s.u.) implementieren (RPO null Sekunden). Ebenso wie eine kurze Ausfallzeit bzw. ein kleines RTO ist ein kleines RPO tendenziell mit höheren Kosten verbunden. Das zweite Unternehmen hat also aufgrund seiner Anforderungen einen höheren Investitionsaufwand für seine Sicherungslösung als das erste.

Theoretisch sind RTO und RPO voneinander unabhängig – das erste Unternehmen kann ev. sehr schnell die Sicherung der letzten Woche verfügbar machen. Meist ist jedoch mit der Forderung nach einem minimalen RPO auch die Forderung nach einem sehr niedrigen RTO verbunden und umgekehrt. Das zweite Unternehmen will also im Schadensfall nicht nur keinen Datenverlust erleiden, sondern darüber hinaus auch schnell wieder auf diese Daten produktiv zugreifen können.

3 Technologische Grundlagen

Dieser Abschnitt soll technologische Konzepte erläutern, die Oracle Data Guard zugrunde liegen, um ein Verständnis eingesetzten Architektur und der später betrachteten verschiedenen Schutzmodi und Optionen zu ermöglichen.

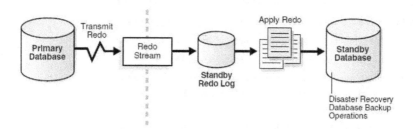

Abb. 2 Data Guard Architektur (RICH 2009, S. 29)

Abb. 2 zeigt eine (grob vereinfachte) typische Data Guard Architektur: Die *primäre Datenbank* befindet sich an einem anderen Standort als die Standby Datenbank. Die beiden Standorte sind über ein Netzwerk (gestrichelte Linie) verbunden. Die Standby Datenbank ist als eine - ohne Ausfallzeit der primären Datenbank erzeugbare - Kopie der primären Datenbank entstanden. Nun muß sie bei nachfolgenden Änderungen der primären Datenbank jeweils aktualisiert werden. Träger der Änderungsinformation ist der *Redo Stream*, der über die Netzwerkverbindung von primärer Datenbank zur Standby Datenbank übertragen wird.

Grundsätzlich wird bei Oracle-Datenbanken (auch wenn keine Data Guard Konfiguration vorliegt) jede *Transaktion* bzw. Datenänderung durch *Redo-Protokoll* abgesichert:

> Oracle Database writes every transaction synchronously to the redo log buffer, which is then written to the online redo logs.

(ASHDOWN & KYTE, 2009, S. 230)

Im Falle einer Beschädigung kann dieses Redo-Protokoll im Rahmen eines *Recovery* verwendet werden, um alle (mit dem SQL-Befehl `commit`) festgeschriebenen Transaktionen zurück zu gewinnen (vgl. PRESTON 2007, S. 451 ff.).

Die Erzeugung von Redo-Protokoll bewirkt also keinen zusätzlichen Aufwand für die primäre Datenbank, da es ohnehin bei jeder Datenänderung hervorgerufen wird.

Am Standby-Standort wird es zunächst in *Standby Logs* zwischengespeichert und dann für das *Redo Apply* verwendet, welches dieselbe Änderung, die auf der primären Datenbank das Redo-Protokoll hervorgerufen hat, nun auf der Standby Datenbank durchführt und sie so aktualisiert.

Hervorzuheben ist hierbei, dass das Redo-Protokoll ein im Verhältnis zu den veränderten Daten geringes Volumen hat, wodurch sich moderate Anforderungen an die Netzwerkverbindung ergeben. Dies ist bei alternativen Hochverfügbarkeitslösungen (s.u.) anders; sie stellen durchweg hohe Anforderungen (bzgl. *Bandbreite* und *Latenz*) an die Netzwerkverbindung.

Für die auf der Standby Seite eingesetzte Hardware ergeben sich keine außergewöhnlichen Anforderungen; insbesondere muß sie nicht mit der für die primäre Seite verwandten identisch sein. Allerdings sind ähnliche Kapazitäten empfehlenswert, da die Standby Seite im Schadensfall die produktive Last der primären Seite übernehmen soll.

Die jeweils pro Standort eingesetzte Betriebssystem-Plattform kann unterschiedlich sein. Derzeit ist eine solche sogenannte *Heterogene Konfiguration* für die Plattform-Kombination Windows-Linux unterstützt.

4 Wahl des angemessenen Schutzmodus

Es gibt bei Data Guard drei unterschiedliche Schutzmodi, die sich hinsichtlich der aufzuwendenden Kosten und des erzielbaren RPO unterscheiden. Es gilt nun also, die angemessene Balance zwischen Schutzanforderung und Investition zu finden. Die beiden wichtigsten vor Auswahl des Schutzmodus zu klärenden Fragen sind:

1. Kann im Schadensfall ein Datenverlust hingenommen werden?
2. Wie weit entfernt soll die Standby Datenbank vom primären Standort sein?

Die beiden Fragen sind nicht voneinander unabhängig zu beantworten:

Wird die erste mit „Nein" beantwortet, sind der maximal möglichen Entfernung gewisse Grenzen (s.u.) gesetzt, die ev. dem Ziel, einen Schutz vor (Natur-)Katastrophen zu erreichen, entgegenstehen. Der unterschiedlich hohe Kostenaufwand, der mit den jeweiligen Schutzmodi verbunden ist, ergibt sich aus den jeweils unterschiedlich hohen Anforderungen an die Übertragung des Redo Streams:

Er kann *synchron* oder *asynchron* übertragen werden. Synchrone Übertragung bedeutet hier, dass eine Transaktion auf der primären Datenbank erst dann festgeschrieben wird, wenn das damit einhergehende Redo-Protokoll von der Standby Datenbank empfangen und in die Standby Logs geschrieben worden ist. Auf diese Weise kann im Schadensfall keine festgeschriebene Transaktion verloren gehen („*Zero-Data-Loss*"), da sich ja das zur Wiederherstellung der Transaktion erforderliche Redo-Protokoll bereits auf der Standby Seite befinden muss.

Diese Art der Übertragung kann allerdings das Festschreiben der Transaktion auf der primären Datenbank (und damit deren Performance) verlangsamen, insbesondere wenn die Netzwerkverbindung langsam ist und/oder sehr hohe Distanzen zu überbrücken sind.

Die Latenz der Netzwerkverbindung ist daher bei synchroner Übertragung von entscheidender Bedeutung, da eine hohe Latenz zu entsprechend langer Wartezeit auf die Empfangsbestätigung seitens der Standby Datenbank führt, bevor das Festschreiben der Transaktion auf der primären Seite erfolgen kann. Bei asynchroner Übertragung ist dies nicht der Fall, da ein Festschreiben der Transaktionen auf der primären Datenbank erfolgen kann, ohne zuvor auf die Bestätigung des Empfangs seitens der Standby Datenbank warten zu müssen.

4.1 Maximum Protection

Dies ist der höchste mit Oracle Data Guard erreichbare Schutzmodus, der einen Datenverlust auch dann ausschließt (RPO = 0), wenn mehrere Komponenten der eingesetzten Infrastruktur zugleich ausfallen. Er erfordert allerdings auch den Einsatz von zwei (oder mehr) Standby Datenbanken. Dieser Schutzmodus ist nur möglich mit synchroner Übertragung des Redo Streams. Bei einer Entfernung von ca. 300 km und einer damit einhergehenden Netzwerklatenz von ca. 20ms beeinträchtigt dies die Performance der primären Datenbank um ca. 10 Prozent (vgl. CARPENTER et al, 2009, S. 39).

Den Zusammenhang zwischen Netzwerklatenz und Performance-Beeinträchtigung, bei einem – schon recht hohen - Redo-Aufkommen von 4 Megabyte pro Sekunde, stellt das nachfolgende Diagramm dar:

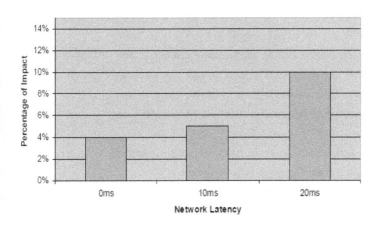

Abb. 3 Performance-Verlust bei Maximum Protection/Availability (SMITH 2007, S. 27)

Neben der mit steigender Entfernung steigenden Latenzzeit ist ein weiterer wichtiger (Kosten-)Faktor die Bandbreite der Netzwerkverbindung, wobei zur Ermittlung der angemessenen Netzwerkvariante zuvor das Redo-Volumen gemessen werden sollte, das durch das produktive Transaktionsaufkommen in der primären Datenbank entsteht (s. CARPENTER et al. S. 43 ff.). Eine recht gute Beschreibung, wie das Redo-Aufkommen ermittelt werden kann, gibt HELD (2005, S. 128 ff.). Sie weist außerdem darauf hin, dass bei der Mehrzahl von Oracle-Datenbanken Redo-Raten von 500KB/s nicht überschritten werden (ebd.).

In Schutzmodus *Maximum Protection* ist die Empfangsbestätigung einer Standby Datenbank vor dem Festschreiben der Transaktion in der primären Datenbank zwingend erforderlich – bleibt die Bestätigung aus, hält die primäre Datenbank an. Daher ist es nicht sinnvoll, diesen Schutzmodus mit nur einer

Standby Datenbank zu betreiben, denn dann würde der Ausfall einer Standby Datenbank die primäre Datenbank unbenutzbar machen.

Vielmehr sind hier mindestens zwei Standby Datenbanken, zu denen synchron übertragen werden muß, empfohlen. Selbst bei Ausfall von zwei Standorten bzw. Komponenten kann „Zero-Data-Loss" bei diesem Schutzmodus garantiert werden.

4.2 Maximum Availability

Auch der zweithöchste Schutzmodus kann „Zero-Data-Loss" ermöglichen – allerdings darf dann nur eine Komponente der zugrundeliegenden Infrastruktur ausfallen. Die Übertragung des Redo Streams geschieht auch hier synchron, wodurch sich die gleichen Gesichtspunkte bzgl. Netzwerkverbindung, Distanz und Performance-Beeinträchtigung der primären Datenbank wie bei Maximum Protection ergeben.

Im Unterschied zum höchsten Schutzmodus kann jedoch *Maximum Availability* ohne weiteres mit nur einer Standby Datenbank betrieben werden.

Sollte die Standby Datenbank ausfallen, oder sollte die Netzwerkverbindung von primärer Datenbank zur Standby Datenbank ausfallen, so kommt hier die primäre Datenbank nicht zum Stillstand. Vielmehr wird in diesem Fall das Redo-Protokoll solange auf der primären Datenbank zwischengespeichert, bis die Standby Datenbank wieder erreichbar ist. Dann wird diese mit dem zwischenzeitlich angefallenen Redo-Protokoll aktualisiert, und es wird wieder mit Empfangsbestätigung (synchron) übertragen.

Den geringeren Kosten (nur eine Standby Datenbank anstatt zwei) steht allerdings ein höheres Risiko gegenüber: Sollten zwei Komponenten ausfallen, kann Datenverlust nicht ausgeschlossen werden. So könnte z.B. zunächst die Netzwerkverbindung von primärer Datenbank zur Standby Datenbank ausfallen, woraufhin Redo-Protokoll auf der primären Seite zwischengespeichert wird. Sollte anschließend ein Katastrophe die primäre Datenbank zerstören, so hat man die mit diesem Redo-Protokoll verbundenen Transaktionen verloren.

4.3 Maximum Performance

Dieser niedrigste Schutzmodus stellt die geringsten Anforderungen bzgl. Netzwerkverbindung und Distanz und beeinträchtigt die Performance der primären Datenbank nicht. Dafür muß im Schadensfall mit Datenverlust gerechnet werden.

Die Übertragung des Redo Streams geschieht hier asynchron, also Transaktionen werden auf der primären Datenbank festgeschrieben ohne auf eine Empfangsbestätigung der Standby Datenbank zu warten, genauso, wie wenn keine Data Guard Konfiguration vorläge. Die Latenz der Netzwerkverbindung ist hier also von untergeordneter Bedeutung.

Die Bandbreite der Netzwerkverbindung ist gleichwohl insofern relevant, als eine zu geringe Bandbreite zu einem größeren zeitlichen Abstand zwischen primärer Datenbank und Standby Datenbank führt. Mit anderen Worten: Wenn die Aktualisierung der Standby Datenbank (etwa in Zeiten hoher Aktivität bei der primären Datenbank) aufgrund der zu geringen Bandbreite der Netzwerkverbindung nicht mit der Änderungsrate der primären Datenbank Schritt halten kann, vergrößert sich das RPO, falls in dieser Phase die primäre Datenbank beschädigt wird und ein Wechsel zur Standby Datenbank erfolgen muß.

Je höher die Bandbreite bzw. je geringer das Redo-Aufkommen, desto kleiner also das RPO, während das RTO unverändert bleibt, da ein Wechsel zur Standby Datenbank in gleicher Weise wie bei höherer Aktualität der dortigen Daten - bezogen auf die primäre Datenbank - erfolgt.

Das folgende Diagramm veranschaulicht, dass bei einem nicht unüblichen Redo-Aufkommen von 2 MB/s selbst bei extrem weiten Distanzen (wie sie bei einer Latenz von 100 ms realisierbar sind) ein RPO < 4 s erzielbar ist:

13

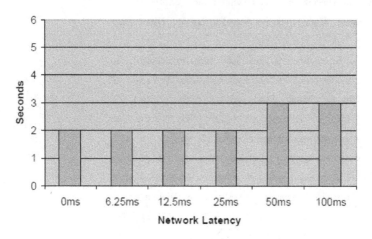

Potential Data Loss Exposure in Seconds for Redo
Rate of 2 MB/sec

Abb. 4 RPO bei Maximum Performance (SMITH 2007, S. 26)

Unter Einsatz der Option *Redo Compression* kann selbst bei einem relativ hohen Redo-Aufkommen von 20 MB/s ein RPO < 10s erreicht werden (CARPENTER et al., 2009, S. 9). Eine solche Komprimierung des Redo Streams ist nur bei asynchroner Übertragung möglich.

Wie schon zuvor ist die erforderliche Bandbreite der Netzwerkverbindung durch das Redo-Volumen, das auf der Primären Datenbank auftritt, bedingt. Im Unterschied zu den beiden höheren Schutzmodi gibt es jedoch bei *Maximum Performance* keine Begrenzung der maximalen Distanz zwischen den beiden Standorten – bspw. überträgt der Pharmahersteller Shire über den Atlantik hinweg asynchron - ohne Performance-Beeinträchtigung - zwischen England und Amerika, bei einer Bandbreite von 34 MB/s und einer Latenz von 90ms (s. BRADLEY et al. 2009).

4.4 Zusammenfassung zu den Schutzmodi

Die folgende Übersicht stellt die drei erläuterten Schutzmodi zusammen-
fassend einander gegenüber:

Schutzmodus	Netzwerk-Kriterien	Maximale Distanz	Performance-Beeinträch-tigung	RPO	Anzahl Standby DB	Anzahl tolerierter Kompo-nenten-Ausfälle
Maximum Protection	Latenz max. 20ms, Bandbreite gemäß Redo-Aufkommen	ca. 300km	bis zu 10% *	0	2	2
Maximum Availability	Latenz max. 20ms, Bandbreite gemäß Redo-Aufkommen	ca. 300km	bis zu 10% *	0	1	1
Maximum Performance	Latenz max. 100ms, Bandbreite gemäß Redo-Aufkommen	unbegrenzt	keine	< 10s **	1	1

Tab. 1 Schutzmodi in der Zusammenfassung (Eigene Darstellung)

*:

Bei einer (aufgrund der Distanz von 300km relativ hohen)
Netzwerklatenz von 20ms – ansonsten ist die Beeinträchtigung der
Performance der Primären Datenbank geringer; sie ist hauptsächlich
von der Latenz abhängig.

**:

Bei hohem Redo-Aufkommen ist dazu u.U. der Einsatz des Features
Redo Compression nötig, das ausschließlich bei asynchroner Übertragung des Redo Streams verfügbar ist.

Außerdem ist eine entsprechende Optimierung der Netzwerk-Kon-
figuration erforderlich (vgl. SMITH 2007).

Zu beachten ist ferner, dass die Übertragungsform des Redo Streams auch zu unterschiedlichen Standby Datenbanken unterschiedlich konfiguriert werden kann. So wäre es etwa möglich, im Schutzmodus Maximum Availability eine Standby Datenbank in kurzer Entfernung mit synchroner Übertragung zu versorgen und gleichzeitig an eine 1000km entfernte Standby Datenbank asynchron zu übertragen. Aufgrund der kurzen Entfernung der ersten Standby Datenbank kann eine sehr niedrige Latenz kostengünstig erzielt werden, so dass die Performance-Beeinträchtigung der primären Datenbank minimiert wird.

Im Falle eine Katastrophe, die die primäre und die erste Standby Datenbank zerstört, könnte ein Failover zur zweiten Standby Datenbank durchgeführt werden – allerdings mit einem RPO > 0.

5 Minimierung Ungeplanter Ausfallzeit: Failover

Wenn auf der primären Seite eine der Ursachen für ungeplante Ausfallzeit (s.o.) auftritt, kann mittels *Failover* auf die Standby Datenbank gewechselt werden, um dort nach nur kurzer Ausfallzeit produktiv weiter zu arbeiten. Grundsätzlich wäre es zwar möglich, den eingetretenen Schaden auch ohne Failover zu beheben. Ein solches Verfahren – typischerweise *Restore* und *Recovery* einer zuvor erfolgten Sicherungskopie – würde aber i.d.R. eine erheblich längere Ausfallzeit bewirken.

Ein Failover kann manuell – also durch einen Datenbank-Administrator – erfolgen, oder es kann automatisch mittels *Fast-Start Failover* geschehen.

5.1 Manuelles Failover

Anlass für ein manuelles Failover könnte „Menschliches Versagen" in Form eines logischen Fehlers sein, der zwar nichts beschädigt, aber unerwünschte Folgen hat. Beispielsweise die versehentliche Löschung oder falsche Veränderung von Daten innerhalb der primären Datenbank.

In diesem Fall kann das manuelle Failover zu einer Standby Datenbank erfolgen, deren Aktualisierung durch ein *Delay* verzögert wurde, oder die durch *Flashback* in die Zeit von vor Eintritt des logischen Fehlers zurückversetzt wird.

16

Es übersteigt die für diese Arbeit angemessene technische Tiefe, Delay und Flashback hier näher zu erläutern. Beide Techniken führen zu demselben Ziel: Es kann sehr schnell mit einer Datenbank produktiv weiter gearbeitet werden, die genauso beschaffen ist wie die Primäre Datenbank zum Zeitpunkt bevor der logische Fehler eintrat.

Die anderen oben genannten Ursachen für ungeplante Ausfallzeit sind technischer Natur und können daher automatisch ein Fast-Start Failover auslösen. Der Verzicht auf die Implementierung von Fast-Start Failover ist zwar möglich, empfiehlt sich aber insbesondere dann nicht, wenn ein minimales RTO erreicht werden soll, da dann zu der Zeit, die das eigentliche Failover in Anspruch nimmt, noch die menschliche Reaktionszeit (z.B. bis der Schadensfall überhaupt bemerkt wird) hinzukommt. Sofern etwa durch eine Naturkatastrophe der ganze primäre Standort ausfällt, ist es zudem fraglich, ob ein menschlicher Eingriff überhaupt zeitnah möglich ist.

5.2 Fast-Start Failover

Tritt ein technisches Problem ein, das die Verfügbarkeit der primären Datenbank auch nur teilweise beeinträchtigt, kann dies ein automatisches Wechseln auf die Standby Datenbank auslösen:

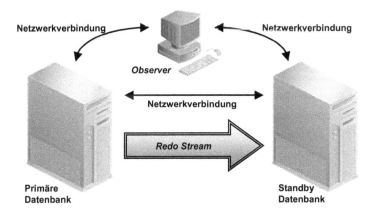

Abb. 5 Fast-Start Failover Konfiguration (Eigene Darstellung)

Obige Grafik veranschaulicht eine Fast-Start Failover Konfiguration, bei der ein *Observer* ggf. das Failover zur Standby Datenbank durchführt. Dieser Observer sollte auf einem dritten Rechner mit Netzwerkzugriff zu primärer und Standby Datenbank plaziert werden, wobei an die dafür eingesetzte Hardware keine hohen Anforderungen gestellt werden. Ein gewöhnlicher PC ist ausreichend.

Voraussetzung für ein Fast-Start Failover ist, dass bei der primären Datenbank ein technisches Problem auftritt, das ihre Verfügbarkeit beeinträchtigt, bzw. dass sowohl der Observer als auch die Standby Datenbank den Kontakt zur primären Datenbank verlieren. Auf diese Weise wird ein unangebrachtes Failover bzw. *Split-Brain* (vgl. MARCUS & STERN 2003, S. 398) vermieden, das etwa eintreten könnte, wenn schon der Verlust der Netzwerkverbindung zwischen Observer und primärer Datenbank das Fast-Start Failover auslösen würde.

Es ist technisch möglich, den Observer auf demselben Rechner zu betreiben, auf dem auch die Standby Datenbank läuft. Empfehlenswert ist dies jedoch nicht, da dann schon eine Unterbrechung der Netzwerkverbindung zwischen primärer Seite und Standby Seite zum Failover führen würde. Der Zeitraum der verstreichen muß, bevor der Observer bei Verlust des Kontakts zur primären Datenbank das Fast-Start Failover durchführt, ist frei konfigurierbar und standardmäßig auf 30s eingestellt.

Wenngleich auch bei Verwendung eines Observers mehrere Standby Datenbanken betrieben werden können, so muß doch eine bestimmte Standby Datenbank als Ziel für ein etwa auszulösendes Fast-Start Failover vorgegeben werden. Ein manuelles Failover zu einer beliebigen Standby Datenbank ist auch bei laufendem Observer jederzeit möglich.

Sollte der Ausfall der primären Datenbank, der zum Fast-Start Failover geführt hat, die primäre Datenbank nicht beschädigt haben (etwa ein Strom- oder Netzwerkausfall), so kann nach Wiederanlaufen der intakten ehemaligen primären Datenbank – die ehemalige Standby Datenbank ist nach erfolgtem Failover nun primäre Datenbank – der Observer die ehemalige primäre Datenbank automatisch und in sehr kurzer Zeit in eine Standby Datenbank konvertieren. Ihre Präsentation als primäre Datenbank wird dabei automatisch verhindert – sonst wären zwei primäre Datenbanken mit unterschiedlicher Daten-Synchronizität (Split-Brain) vorhanden.

5.3 Zeitbedarf für das Failover (RTO)

Ein Failover sollte bei Einsatz von „Best Practices" nach SMITH et al. (2008) weniger als eine Minute in Anspruch nehmen, wobei die menschliche Reaktionszeit (bei manuellem Failover) bzw. die eingestellte Schwellenzeit bevor der Observer eingreift (bei Fast-Start Failover) nicht eingerechnet ist. Andere Quellen sprechen vorsichtiger von einem Zeitbedarf von „seconds to single-digit minutes" (etwa CARPENTER et al. 2009, S. 62). Gründe für eine längere Dauer könnten sein:

- Es wurde eine verzögerte Aktualisierung (Delay) konfiguriert
- Die Aktualisierung hält nicht Schritt mit der Änderungsrate der primären Seite
- Die Aktualisierung wurde unterbrochen

Gemeinsamer Faktor der drei oben angeführten Bedingungen ist, dass zum Zeitpunkt des Schadeneintritts an der primären Datenbank noch nicht sämtliches Redo-Protokoll, das von der Standby Datenbank empfangen worden ist, zur Aktualisierung angewandt werden konnte. In diesem Fall verzögert sich die Präsentation der Standby Datenbank als produktiv verfügbare Datenbank um die Zeitdauer, die für die Anwendung des restlichen Redo-Protokolls benötigt wird.

Tests unter nicht unüblichen Bedingungen zeigten eine Dauer von 10s – 25s für das Failover:

> The test databases were each 100GB in size and connected to a Gigabit Network. Although different network latencies were simulated, *latency was not a factor in optimizing failover and switchover times.* The workload on the production database generated redo at a rate of 3 MB/second. [...]Total time to complete failover ranged between 10 to 25 seconds

(SMITH et al. 2008, S. 12, Hervorh. durch den Verf.)

Die Dauer des Failover - und damit das RTO - ist dabei vom Schutzmodus unabhängig, nicht jedoch der mögliche Datenverlust - also das RPO (s.o.).

Der zugestandene Umfang der vorliegenden Arbeit gestattet es nicht, näher auf weitere Schichten der IT-Infrastruktur (vgl. etwa GEHRING 2008, S. 20 f.) einzugehen, die neben der Datenbank von einem Ausfall betroffen sein können.

Es sei aber darauf hingewiesen, dass es u.a. möglich und erforderlich ist, sowohl ev. eingesetzte Applikations-Server hochverfügbar zu machen, als auch für etwa vorhandene Clients von Endanwendern zumindest *Connect Time Failover* zu konfigurieren, um einen wirklich hochverfügbaren Service anbieten zu können.

6 Minimierung geplanter Ausfallzeit: Switchover

Ein beträchtlicher Anteil der Ausfallzeit – manchen Studien zufolge sogar der überwiegende Anteil (vgl. DUMITRAS & NARASIMHAM 2009) – entfällt auf geplante Ausfallzeit. Diese wird wiederum hauptsächlich durch Hardware- und Software-Upgrade verursacht (vgl. ebd.).

6.1 Upgrade

Mittels Data Guard kann die mit solchen häufig vorkommenden Wartungsarbeiten verbundene Ausfallzeit auf die sehr kurze Zeit minimiert werden, die ein *Switchover* in Anspruch nimmt. Switchover bedeutet, dass die Rollen zwischen primärer Datenbank und Standby Datenbank „freiwillig" – also ohne Vorliegen eines Schadenfalls - getauscht werden.

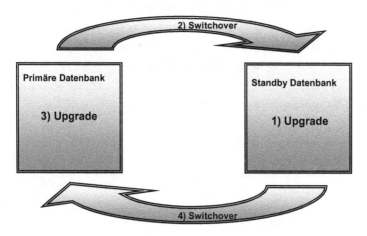

Abb. 6 Minimale Ausfallzeit bei Upgrade (Eigene Darstellung)

Obige Abbildung veranschaulicht das Verfahren zur Minimierung der Ausfallzeit bei Upgrades. Unter Verwendung von „Best Practices" sollte eine Switchover-Dauer von weniger als 1 Min erzielbar sein (SMITH et al. 2008, S.

17). Das Upgrade wird bei dieser Methode zunächst auf der Standby Seite durchgeführt, während die primäre Seite weiterhin verfügbar ist. Dann tauschen die beiden Seiten im Rahmen des Switchover die Rollen. Nun kann das Upgrade auch auf der (ehemaligen) primären Seite durchgeführt werden. Anschließend kann bei Bedarf ein zweites Switchover erfolgen, um die ursprüngliche Ausgangslage wieder herzustellen.

Handelt es sich um ein Datenbanksoftware-Upgrade, so ist das beschriebene Verfahren nur möglich bei - mindestens vorübergehender – Verwendung einer *Logical Standby* Datenbank:

> [...] you can use a logical standby database to perform a rolling upgrade of Oracle Database 10g software. During a rolling upgrade, you can run different releases of an Oracle database on the primary and logical standby databases while you upgrade them, one at a time, incurring minimal downtime on the primary database.

(RICH 2009, S. 183)

> Most importantly, Data Guard 10g Rolling Upgrades reduce database downtime to near zero.

(AKHTAR et al. 2005, S. 7)

Andere Arten von Upgrade (Hardware, Betriebssystem etc.) sind auch mit *Physical Standby* Datenbanken möglich. Eine nähere Erläuterung zu Physical/Logical Standby findet sich in 7.1.1 und 7.1.2. Grundsätzlich ist zu beachten, dass bei Einsatz des beschriebenen Verfahrens die betreffende Standby Datenbank für die Dauer der Aktion keine Hochverfügbarkeit der primären Datenbank im Schadensfall gewährleistet. Durch den Betrieb mehrerer Standby Datenbanken kann dieses Risiko ausgeschlossen werden.

6.2 Migration auf andere Plattform / anderes Storage

Sofern die geplante Ausfallzeit durch eine *Plattform-Migration* oder eine *Storage-Migration* verursacht wird, kann Data Guard & Switchover ebenfalls zur Minimierung dieser Ausfallzeit eingesetzt werden: Die Standby Datenbank wird in diesem Fall zunächst auf der Zielplattform bzw. auf dem neuen Storage erzeugt. Die Erzeugung von Standby Datenbanken ist ohne Unterbrechung des Betriebs der primären Datenbank – also ohne Ausfallzeit – möglich. Anschließend erfolgt das Switchover zur Standby Datenbank, die dann als neue Primäre Datenbank weiter betrieben wird. Optional kann die ursprüngliche Datenbank nun als Standby Datenbank dienen.

Auf diese Weise ist der Wechsel auf alle grundsätzlich für Oracle-Datenbanken zertifizierten Storage-Systeme – insbesondere auf *Automatic Storage Management* (vgl. BABB 2007) - mit minimaler Ausfallzeit möglich:

> The presented approach not only offers an elegant way of performing Oracle database migrations, more importantly (and what was our initial goal) it enables such migrations with minimum impact on database users. [...] it can be easily modified and extended to cover also some extra operations including: *OS upgrade, cluster resize, storage management layer change* and probably many others.

(GIRONE & WOJCIESZUK 2007, S. 3, Hervorh. durch den Verf.)

Eine Minimierung der Ausfallzeit beim Wechsel der Betriebssystem-Plattform ist mit dem beschriebenen Verfahren derzeit nur von Windows nach Linux bzw. umgekehrt möglich.

7 Zusätzlicher wirtschaftlicher Nutzen - Steigerung des ROI

Die Verringerung von Ausfallzeit ist natürlich der Hauptgrund für die Implementierung einer Hochverfügbarkeitslösung mittels Standby Daten-banken. Es bestehen jedoch eine Reihe von weiteren Einsatzmöglichkeiten, die über diesen primären Zweck hinaus zusätzlichen – ökonomisch relevanten – Nutzen bieten, also mithin die verursachten Kosten der Anschaffung und des Betriebs relativieren, bzw. den *Return on Investment* steigern:

> Though disaster recovery systems require significant investment in storage, servers, network bandwidth, physical space etc., the cost to the business of extended downtime or data loss is even greater. Finding a way to utilize these mostly unused DR resources while they are in standby role can significantly increase your return on investment (ROI) in standby systems.

(CHINTALA 2008, S. 1).

7.1 Nutzung von Standby Datenbanken für Abfragen

Häufig wird auf Datenbanken im Rahmen umfangreicher Abfragen zugegriffen, ohne die Erfordernis, dabei Daten zu verändern. Gleichwohl können diese Abfragen eine Belastung der Datenbank bewirken, gerade wenn sie eine große Datenmenge zugreifen (und ggf. analysieren) müssen.

Möglichweise werden große Dokumente (Filme, Röntgenbilder, CAD-Diagramme etc.) in der primären Datenbank gespeichert – und also auf die Standby Datenbank repliziert. Auch in diesem Fall kann durch die Umleitung des Abrufs solcher großen Dokumente auf die Standby Datenbank die Performance der primären Datenbank verbessert werden (vgl. CARPENTER et al. 2009, S. 351). Sämtliche Read-Only Zugriffe (inkl. des Aufrufs von Prozeduren) können also auf eine Standby Datenbank umgeleitet werden, so dass die primäre Datenbank von ihnen entlastet wird.

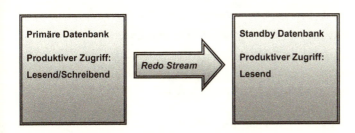

Abb. 7 Lesender Zugriff auf Standby Datenbank (Eigene Darstellung)

Zugleich kann auf diese Weise sehr einfach und überzeugend die Zuverlässigkeit der Standby Datenbank getestet bzw. erwiesen werden – zeigt sie doch die gleichen Daten wie die primäre Datenbank. Es muß an dieser Stelle kurz unterschieden werden zwischen *Physical Standby* und *Logical Standby*.

7.1.1 Zugriff auf Physical Standby Datenbanken

Eine Physical Standby Datenbank hat ihre Bezeichnung erhalten aufgrund der Tatsache, dass die Datendateien, aus denen diese Standby Datenbank besteht, physikalisch identisch mit denen der primären Datenbank sind. Die Aktualisierung der Physical Standby Datenbank erfolgt über *Redo Apply*, also ein *Recovery*, wie es auch ohne vorhandene Standby Datenbank bei der Wiederherstellung einer beschädigten Datenbank mithilfe einer zuvor erzeugten Sicherungskopie geschieht (s. PRESTON 2007, S. 451 ff.). Eine solche Physical Standby Datenbank kann Read-Only geöffnet werden und dann zu Reporting-Zwecken eingesetzt werden.

Bei älteren Oracle-Versionen war in diesem Zustand eine fortdauernde Aktualisierung mithilfe des von der primären Datenbank erzeugten Redo – Protokolls unmöglich. Diese Art der Verwendung ist also nur zu Testzwecken zu empfehlen, oder bei gleichzeitigem Einsatz mehrerer Standby Datenbanken, so dass die Hochverfügbarkeit der Primären Datenbank nicht gefährdet ist.

Die aktuelle Oracle-Version unterstützt dagegen im Rahmen des sogenannten *Real-Time Query* ein Redo Apply bei im Read-Only Modus geöffneter Physical Standby Datenbank. Die Schutzfunktion im Schadensfall bleibt dabei – im Gegensatz zum Verhalten der älteren Versionen – voll erhalten; RTO und RPO verschlechtern sich durch diese zusätzliche Verwendung der Physical Standby Datenbank nicht (vgl. KAPUSTA 2009). Selbst unter Einsatz nur einer einzigen Standby Datenbank – bspw. im Schutzmodus Maximum Availability – ist also Real-Time Query eine empfehlenswerte Möglichkeit, zusätzlichen ökonomischen Nutzen aus der Hochverfügbarkeitslösung zu schöpfen.

7.1.2 Zugriff auf Logical Standby Datenbanken

Alle zuvor bereits getroffenen Aussagen bzgl. der Schutzmodi und der Übertragungsform des Redo Streams etc. gelten in gleicher Weise auch für Logical Standby Datenbanken. Der Unterschied zu Physical Standby liegt in der Art, wie das Redo-Protokoll zur Aktualisierung verwendet wird: Die SQL-Befehle, die auf der Primären Datenbank das Redo-Protokoll verursacht haben, werden daraus regeneriert und auf der Logical Standby Datenbank im Rahmen des sogenannten *SQL Apply* erneut ausgeführt – mit dem Resultat, dass dieselbe Veränderung wie auf der Primären Datenbank durchgeführt wird – also eine völlig andere Aktualisierungs-Technik als das Redo Apply bzw. Recovery, welches auf einer Physical Standby Datenbank erfolgt.

Hauptnachteile von Logical Standby gegenüber Physical Standby sind:

- Nicht alle Datentypen, die für Tabellenspalten verwendet werden können, sind für SQL Apply unterstützt
- Nicht alle SQL-Befehle, die auf der primären Datenbank Veränderungen herbeiführen, sind für SQL Apply unterstützt

Dem stehen im wesentlichen folgende Vorteile gegenüber:

- Die *Logical Standby* Datenbank ist immer (auch schon in älteren Versionen) während der Aktualisierung für lesende Zugriffe verfügbar

- Nicht alle Objekte der primären Datenbank müssen zur Logical Standby Datenbank repliziert werden

- Zusätzliche Objekte, die auf der primären Datenbank nicht vorhanden sind, können angelegt werden – z.b. ein Index oder ein ganzes *Schema*

- Logical Standby ermöglicht ein *Rolling Upgrade* der Datenbank-Software (s.o.)

Einige der Vorteile von Logical Standby gegenüber Physical Standby wurden in aktuellen Oracle-Versionen relativiert: So ist es nun im Rahmen des sogenannten Real-Time Query (s.o.) möglich, auch die Physical Standby während der Aktualisierung abzufragen. Außerdem kann zum Zwecke eines Rolling Upgrade nun eine Physical Standby in Logical Standby transformiert werden und nach Abschluss des Upgrades wieder in Physical Standby zurückgewandelt werden. Vermutlich wird Logical Standby daher zukünftig hauptsächlich in Szenarien eingesetzt, in denen eine einfache Form der (unidirektionalen) Replikation das Hauptziel ist, während der Ausfallschutz eher als erfreulicher Nebenaspekt erscheint, wie etwa im Falle von Eli Lilly & Company:

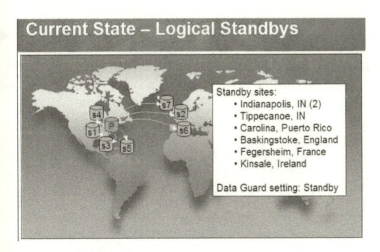

Abb. 8 Logical Standby als Replikationslösung (LILLY 2006, S. 15)

Der Pharmakonzern verwendet Logical Standby, um zu teilweise weit entfernten Standorten (Sn) die Datenänderungen der primären Datenbank (P) zu replizieren – ohne negative Auswirkungen auf die Performance der primären Datenbank (vgl. LILLY 2006, S. 9).

7.2 Verlagerung des Backups zur Standby Datenbank

Die Durchführung eines Backups beansprucht Systemressourcen u.a. in Form von I/O und CPU-Last, insbesondere wenn große Datenvolumina gesichert werden müssen. Falls eine Physical Standby Datenbank vorhanden ist, kann diese Belastung auf die Standby Seite verlagert werden:

> Because backups taken on a physical standby can be used to restore either the primary or standby databases, it is no longer necessary to perform backups on the primary, freeing system resources to process critical transactions.

(CARPENTER et al. 2009, S. 27).

Wenn bislang ein kostenaufwendiges Storage-basiertes Verfahren (*Split-Mirror-Backup*) praktiziert wird, um die Belastung, die das Backup auf der produktiven Datenbank bewirkt, zu reduzieren, kann diese Lösung u.U. durch die Einführung einer *Physical Standby* Datenbank (mit Backupverlagerung dorthin) abgelöst werden (vgl. ebd.):

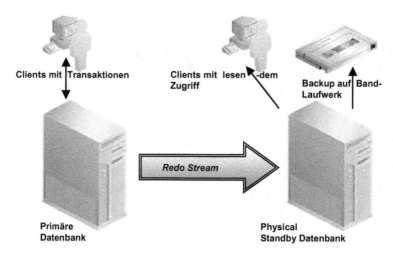

Abb. 9 Backup an Physical Standby bei Real-Time Query (Eigene Darstellung)

Die durch die Ablösung eingesparten Kosten relativieren wiederum die Kosten der Hochverfügbarkeits-Lösung, insbesondere bei Kombination mit Real-Time Query.

7.3 Nutzung der Standby Datenbank als Testsystem

Selbstverständlich sollte eine Hochverfügbarkeits-Lösung auch getestet werden, um sicherzustellen, dass sie im Ernstfall tatsächlich den beabsichtigten Ausfallschutz bietet. Im Vergleich zu anderen Lösungen ist ein solcher Test mit Data Guard relativ leicht und zuverlässig duchführbar (s. 8.3). Dies wird in diesem Abschnitt nicht diskutiert, sondern hier geht es darum, Änderungen, die auf der produktiven Datenbank beabsichtigt werden, im Vorfeld auf einem Testsystem – nämlich der Standby Datenbank – zu testen. Jede Änderung ist mit einem gewissen Risiko verbunden, und gelegentlich haben selbst scheinbar ganz harmlose Änderungen unerwartete Seiteneffekte, die den produktiven Betrieb erheblich beeinträchtigen können.

Eine Physical Standby Datenbank ist naturgemäß mit der primären Datenbank identisch. Wird sie als Testdatenbank (bezeichnet als *Snapshot Standby*) verwendet, so steht also exakt der gleiche Datenbestand wie auf der produktiven bzw. primären Datenbank zur Verfügung. Diese zusätzliche Nutzung der Hochverfügbarkeitslösung liefert nicht nur präzisere Resultate, sondern ist für die Datenbankadministratoren (DBAs) auch mit weniger Aufwand umsetzbar als herkömmliche Methoden:

> Without realistic test results, estimating the impact of introducing a change on a production system is often a best guess. Testing performed on a non-production system, using a stale copy of the production database or a limited subset of production data may not give true impact of the changes to be introduced. A Data Guard snapshot standby provides as a test environment that enables DBAs to assess the impact of the changes before implementing them on production.

(CHINTALA 2008, S. 13).

Während die Standby Datenbank als *Snaphot Standby* zum Testen verwendet wird, kann in aktuellen Oracle-Versionen weiterhin der Redo Stream von der primären Datenbank <u>empfangen</u> werden – allerdings kann er in dieser Phase nicht zur Aktualisierung der Standby Datenbank dienen. Das Redo-Protokoll wird während des Daseins der Standby Datenbank als *Snapshot Standby* in Standby Log-Dateien geschrieben und ggf. archiviert.

Sollte also in dieser Situation der Schadenfall an der primären Datenbank eintreten, bleibt zwar das RPO unverändert; das RTO vergrößert sich jedoch:

A snapshot standby database provides disaster recovery and data protection benefits that are similar to those of a physical standby database. Snapshot standby databases are best used in scenarios where the benefit of having a temporary, updatable snapshot of the primary database justifies *increased time to recover* from primary database failures.

(RICH 2009, S. 124, Hervorh. durch den Verf.).

Der Einsatz mehrerer Standby Datenbanken würde in diesem Fall die Verschlechterung des RTO vermeiden.

Nach Abschluss des Tests kann die Snapshot Standby schnell und einfach in eine Physical Standby zurück gewandelt werden; alle während des Tests erfolgten Veränderungen werden dabei mittels Flashback rückgängig gemacht. Anschließend wird die Standby Datenbank mit dem zwischenzeitlich empfangenen Redo-Protokoll wieder mit der primären Datenbank synchronisiert.

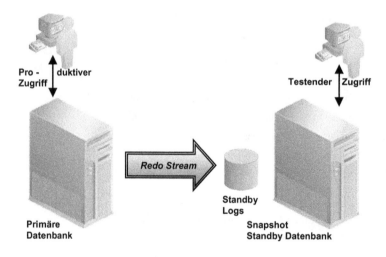

Abb. 10 Snapshot Standby mit fortdauernder Redo-Übertragung (Eigene Darstellung)

Das Feature *Database Replay* ermöglicht die Aufzeichnung der produktiven Arbeitslast und deren anschließendes Abspielen auf dem Testsystem, um die (Performance-)Konsequenzen der dort vorgenommenen Änderung, sollte sie denn produktiv umgesetzt werden, so realistisch als möglich prognostizieren zu können (CHINTALA 2008, S. 12). Eine ausführlichere Darstellung der Verwendung von Database Replay zur Vermeidung von Performance-Problemen bei Änderungen an der produktiven Datenbank findet sich bei FRÖHLICH (2008, S. 148 ff.).

8 Alternative Hochverfügbarkeitslösungen

Neben Data Guard gibt es noch weitere Möglichkeiten, Hochverfügbarkeit für Oracle-Datenbanken zu realisieren. Wiederum hat diese Arbeit nicht den Anspruch, diese Lösungen technisch im Detail zu erläutern; gleichwohl soll eine auch technisch fundierte Einschätzung der Alternativen nach ökonomischen und organisatorischen Kriterien ermöglicht werden.

Die betrachteten Alternativen zu Data Guard sind *Real Application Clusters* (RAC), *RAC on Extended Distance Clusters* (Extended RAC), sowie Host-Based bzw. Hardware-Based *Remote Mirroring*. Die beiden erstgenannten Alternativen sind Oracle-Lösungen, während die letztgenannte Methode nicht Oracle-spezifisch ist. *Remote Mirroring* ist jedoch eine viel genutzte und gut bewährte Technologie, die bei einer Analyse zur Bewertung von Hochverfügbarkeits-Lösungen nicht fehlen darf. Zudem sind möglicherweise auch – je nach organisatorischer Anforderung – Kombinationen der genannten Alternativen sinnvoll.

8.1 Real Application Clusters

Es ist an dieser Stelle unumgänglich, kurz auf Terminologie und Architektur von Oracle-Datenbanken einzugehen, um den Unterschied zwischen Oracle *Real Application Clusters* (RAC) und „gewöhnlichen" Oracle Datenbanken sowie den Zusammenhang zu Hochverfügbarkeit deutlich zu machen. Eine „gewöhnliche" Oracle Datenbank besteht aus zwei Hauptkomponenten: Der *Instanz* und der eigentlichen *Datenbank*.

Die Instanz beinhaltet Hauptspeicherstrukturen und Hintergrundprozesse, während die Datenbank aus Dateien besteht. An die Instanz können sich Anwender anmelden und mit den Daten in der Datenbank arbeiten. Die Datenbank kann auf einem separaten Storage-System – häufig ein *Storage Area Network* (SAN) liegen (s. SOLLBACH 2002, S. 22 ff.), während die Instanz auf einem dort angeschlossenen Server läuft. Bei kleineren Installationen liegt die Datenbank auch oft auf den in den Server eingebauten lokalen Festplatten:

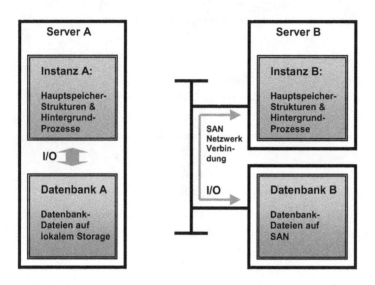

Abb. 11"Gewöhnliche" Oracle-Datenbanken (Eigene Darstellung)

Im Sinne von Abb. 11 „Gewöhnliche" Oracle-Datenbanken können, wie bereits besprochen, mit Data Guard hochverfügbar gemacht werden. So wie abgebildet ist dies nicht der Fall, da jede dargestellte Komponente ein *Single Point Of Failure* (SPOF) ist:

Datenbank A ist nicht länger verfügbar, wenn z.b.

- Server A wegen Überhitzung abstürzt
- Instanz A wegen eines Prozess-Fehlers ausfällt
- Das lokale Storage einen Plattencrash hat

Weitere, in Abb. 11 zwecks besserer Übersichtlichkeit nicht dargestellte SPOF-Komponenten von Datenbank A sind u.a.:

- Der Standort A, den eine (Natur-)Katastrophe betreffen könnte
- Die Netzwerkverbindung der Clients zu Server A, die ausfallen könnte
- Die Stromversorgung von Server A, die unterbrochen werden könnte

Gleiches gilt analog für Datenbank B. Bei einem RAC ist das anders:

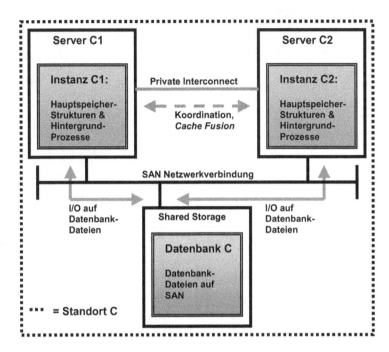

Abb. 12 RAC mit zwei Knoten (Eigene Darstellung)

Obige simplifizierte Abbildung veranschaulicht elementare Komponenten eines Zwei-Knoten-RAC. Signifikant für RAC ist, dass es sich um einen *Active-Active-Cluster* handelt: Beide Instanzen arbeiten produktiv auf einer gemeinsamen Datenbank und koordinieren sich via *Private Interconnect*, über den auch produktive Daten ausgetauscht werden (sog. *Cache Fusion*).

Diese Architektur bietet insofern Hochverfügbarkeit, als weder die Server C1 & C2 noch die Instanzen C1 & C2 SPOFs sind. Bei Ausfall einer dieser Komponenten können die Anwender, die an die nun ausgefallene Instanz verbunden waren, auf der verbliebenen Instanz weiterhin produktiv arbeiten.

Auch die SAN Netzwerkverbindung kann (und sollte) redundant ausgelegt werden, und das *Shared Storage* selbst könnte (und sollte) ebenfalls mittels implementierter Redundanz – z.B. RAID (vgl. SOLLBACH 2002, S. 21 f.) - auch bei Plattenausfall verfügbar bleiben. Fällt jedoch das gesamte Shared Storage aus, bzw. ist der ganze Standort C betroffen, bietet obige Architektur keine

Hochverfügbarkeit. Neben Hochverfügbarkeit gibt es allerdings noch andere Gründe, einen RAC zu betreiben (vgl. HELD 2005, S. 210). Es sind dies hauptsächlich Skalierbarkeit und Workload-Management:

> Oracle Real Application Clusters provides flexibility for *scaling applications*. To keep costs low, clusters can be built from standardized, commodity-priced processing, storage, and network components. When you need more processing power, simply add another server [...]
>
> *Application workloads* can be individually managed and controlled defined as Services. [...] Users connecting to a Service are load balanced across the cluster.

(ORACLE 2009a, S. 1 f., Hervorh. durch den Verf.).

Um sich gegen den Ausfall des gesamten Shared Storage bzw. gegen eine den Standort betreffende Katastrophe abzusichern, kann RAC mit Data Guard kombiniert werden.

8.2 Maximum Availability Architecture

Die Kombination von RAC und Data Guard wird als *Maximum Availability Architecture* bezeichnet und verbindet die Vorteile von RAC (Hochverfügbarkeit bei Server/Instanz-Ausfall, Skalierbarkeit mit Low-Cost Commodity-Hardware, Load Balancing, Hohe Performance) mit der schon besprochenen Fähigkeit von Data Guard, u.a. Katastrophen-Schutz durch eine weit entfernte (RAC) Standby Datenbank zu ermöglichen:

> The advantages of using Real Application Clusters include:
> * High availability
> * Rapid and automatic recovery from node failures or an instance crash
> * Increased scalability
>
> Standby Database assists with disaster recovery by providing a completely automated framework to maintain one or more transactionally-consistent copies of the primary database.
>
> [...] The standby database technology includes an automated framework to switch over to the standby system in the event of a physical disaster, data corruption, or planned maintenance at the production (primary) site.

(PAKALA 2009, S. 6).

PAKALA bezieht sich auf eine Installation mit einem Zwei-Knoten-RAC als primärer Datenbank und einem über 2500km entfernten Zwei-Knoten-RAC als Standby Datenbank, mit dem Ziel, SAP Applications (aufsetzend auf einer Oracle-Datenbank) u.a. hochverfügbar zu machen. Die zugrundeliegende Architektur ist also ähnlich wie die in der folgenden Abbildung:

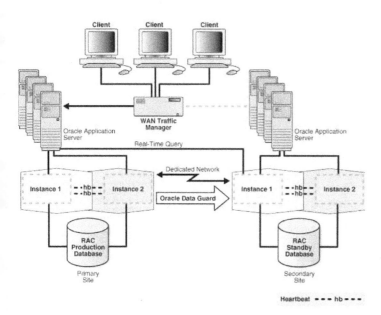

Abb. 13 Maximum Availability Architecture (SCHUPMAN & TO 2009, S. 108)

Abb. 13 zeigt einen primären Standort mit einem Zwei-Knoten-RAC wie in Abb. 12, mit einer Standby Datenbank an einem sekundären Standort, die ebenfalls aus einem Zwei-Knoten-RAC besteht. Lässt man einmal die zusätzlich dargestellte Schicht der Applikations-Server außer Acht, so handelt es sich um eine Variante der Abb. 9 – mit dem zusätzlichen Detail, dass sowohl primäre als auch Standby Datenbank RACs sind.

Theoretisch sind auch Mischformen möglich: Primäre Datenbank kann eine „Gewöhnliche" Oracle-Datenbank wie in Abb. 11 sein, während die Standby Datenbank ein RAC sein kann und umgekehrt.

Praktisch kommt dies jedoch selten vor, jedenfalls dann, wenn die Standby Datenbank tatsächlich als Ausfallschutz implementiert wird und nicht nur als Mittel der Migration zu RAC bzw. als Replikationslösung verwendet wird.

Eine alternative Möglichkeit, RAC ohne Data Guard „katastrophensicher" zu machen, wäre es, das Shared Storage über eine größere Entfernung hinweg zu spiegeln und auch die Knoten über zwei Standorte zu verteilen.

8.3 Extended RAC

Bei Real Application Clusters on Extended Distance Clusters (Extended RAC) handelt es sich ebenfalls um einen Active-Active-Cluster; beide Standorte sind also – im Gegensatz zu Data Guard oder zu Hardware-Based Remote Mirroring (s.u.) – voll produktiv im Einsatz:

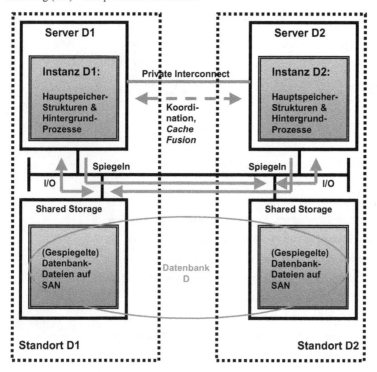

Abb. 14 Extended RAC (Eigene Darstellung)

Der Standort ist bei obiger Architektur also kein SPOF; die Distanz zwischen den beiden Standorten ist allerdings gewissen Beschränkungen unterworfen, da wechselseitig große Datenmengen gespiegelt werden müssen:

Die Kosten für die Netzwerkverbindung – über die hinweg erheblich größere Datenvolumina übertragen werden müssen als bei Data Guard, so dass eine gleichfalls erhebliche größere Bandbreite erforderlich ist – steigen jedoch dramatisch mit steigender Distanz (DECUSATIS 2008, S. 430). Dies führt bei Extended RAC (und bei Remote Mirroring) zu Distanzen, die mit dem Ziel, Schutz vor regionalen Katastrophen zu erreichen, konfligieren. Nur in sehr seltenen Fällen erstreckt sich ein Extended RAC über mehr als 20km. Bei größeren Entfernungen steigen nicht nur die Kosten für die Netzwerk-verbindung, sondern ebenso die Performance-Beeinträchtigung aufgrund der Spiegelung. Dies führt PETERSON zu den Aussagen:

> This architecture fits best where 2 datacenters are located relatively close (< ~100km) and where the extremely expensive costs of setting up direct cables with dedicated channels between the sites has already been taken.

(2006, S. 3) und

> I am generally comfortable with a RAC on Extended Distance Clusters at distances under 25km, concerned about performance at 50km, and skeptical at 100km or more.

(ebd., S, 14).

Extended RAC verwendet das sog. Host-Based Remote Mirroring; Host-Based, weil (Oracle-)Prozesse, die auf dem Host (Server) laufen, die Spiegelung zur jeweiligen Gegenseite durchführen. Ein solche Art der Spiegelung setzt also eine auf beiden Standorten laufende Software voraus, die ein „Bewußtsein" (Awareness) bzgl. dieser Spiegelung hat und die auch an beiden Standorten mit den (gespiegelten) Daten arbeitet (vgl. RAY 2005, S.3).

Bei Hardware-Based Remote Mirroring ist dies nicht erforderlich bzw. möglich: Das Storage System selbst führt die Spiegelung vom primären zum sekundären Standort durch.

In beiden Fällen ist für die synchrone Übertragung großer Datenmengen über hohe Distanz bei möglichst niedriger Latenz eine *Wavelength Division Multiplexing* (WDM) Netzwerkverbindung empfehlenswert (s. HINTEMANN 2007, S.13). Bei Entfernungen bis maximal 80km kann Kupferkabel (CWDM) dafür verwendet werden, während Entfernungen bis maximal 250km den Einsatz von Glasfaser (DWDM) und Verstärkern erfordern, was mit sehr hohen Kosten verbunden ist (ebd. S. 11). Das erklärt u.a. das äußerst seltene Vorkommen von höheren Distanzen als 20km bei Extended RAC.

8.4 Remote Mirroring

Die weit überwiegende Zahl von Remote Mirroring Lösungen ist Hardware-Basiert (u.a. nach RAY 2005, S. 7), und im folgenden steht „Remote Mirroring" für „Hardware-Based Remote Mirroring". Die Popularität dieser Lösung rührt daher, dass sie unabhängig von der - auf der primären Seite zu schützenden - Applikation funktioniert, also für eine Vielzahl unterschiedlicher Anforderungen in gleicher Weise einsetzbar ist (vgl. MIRZOEV 2009). Signifikant für Remote Mirroring ist ein *Active-Passive-Clustering*; die Sekundäre Seite wird also nur im Failover-Fall produktiv genutzt:

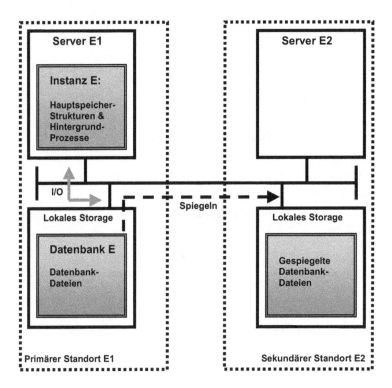

Abb. 15 Remote Mirroring (Eigene Darstellung)

Die Abbildung zeigt zwar auf Server und Storage nur Instanz und Datenbank; möglicherweise befinden sich dort aber noch andere Komponenten:

Alle Dateien auf dem obigen lokalen Storage – auch solche, die von anderen Applikationen verwendet werden als der Datenbank - werden zum sekundären Standort durch das Storage selbst gespiegelt und stehen dort bei Ausfall des primären Standorts zur Verfügung.

Anders als bei den bisher diskutierten Lösungen setzt Remote Mirroring die Verwendung einheitlicher Storage-Systeme (üblicherweise *eines* Herstellers) auf beiden Seiten voraus. Wenngleich die konkrete Implementierung der Hersteller (Remote Mirroring Lösungen werden u.a. von EMC, Hitachi, NetApp, IBM und HP angeboten) im Detail unterschiedlich ist, haben sie doch die in diesem Abschnitt angesprochenen Eigenschaften gemeinsam (vgl. Carpenter et al. 2009, S. 492 ff.).

Für die Netzwerkverbindung zwischen den Standorten, die für die Spiegelung verwendet wird, gelten die gleichen Anforderungen und Beschränkungen wie für Extended RAC. Insbesondere verhindern i.d.R. die Kosten bzw. die Performance-Beeinträchtigung der primären Seite Distanzen, die für einen Schutz vor regionalen Katastrophen erforderlich wären:

> Remote-mirroring solutions based on storage systems often have a distance limitation due to the underlying communication technology (Fibre Channel, ESCON) used by the storage systems. In a typical example, the maximum distance between these two boxes connected in a point-to-point fashion and running synchronously can be only few tens of km.

(Oracle 2009b).

Bei einer Konfiguration, die „Zero-Data-Loss" garantiert – also bei synchroner Spiegelung bzw. synchroner Redo-Protokoll Übertragung mit Data Guard – schneidet die Data Guard Lösung sowohl bzgl. der Distanz (bis ca. 300km sind dort möglich) als auch bei der Performance-Beeinträchtigung besser ab: Eine Latenz von 20ms führt bei Data Guard in dieser Übertragungsform zu ca. 10% schlechterer Performance der Primären Datenbank, während schon bei einer Latenz von 15ms die Remote Mirroring Lösung zu einer Verschlechterung der Performance des primären Standorts von knapp 40% führt (ebd.). Das ist darauf zurückzuführen, dass Data Guard nur Redo-Protokoll übertragen muß, während bei Remote Mirroring (und Extended RAC) das ganze geänderte Datenvolumen – also Größenordnungen mehr – gespiegelt werden muss. In der Praxis wird synchrones Remote Mirroring daher überwiegend in LAN-

Distanzen verwendet, während Data Guard mit Maximum Protection oder Maximum Availability durchaus im MAN-Bereich anzutreffen ist.

Sofern auf dem Primären Standort nur einzelne Dateien durch Hardware- oder Softwarefehler beschädigt werden (Corruption), werden diese unbrauchbaren Dateien bei Remote Mirroring auf den sekundären Standort gespiegelt, was u.U. erst im Failover-Fall bemerkt wird – wenn diese beschädigten Dateien ev. dringend gebraucht werden. Zuvor fällt dies nicht auf, weil das gespiegelte Storage nicht applikatorisch genutzt werden kann, solange die Spiegelung erfolgt.

Es ist daher schwierig, sich von der Zuverlässigkeit des Ausfallschutzes bei Remote Mirroring zu überzeugen – wird ein Failover testweise durchgeführt, so weiß man im Grunde nur, dass es *diesmal* funktioniert hat. Anschließend wird die Spiegelung erneut aufgesetzt, so dass die Brauchbarkeit der gespiegelten Dateien wiederum ungewiss ist.

Im Gegensatz dazu kann bei Data Guard jederzeit – zu Testzwecken und produktiv lesend – auf die Standby Datenbank zugegriffen werden, und beschädigtes Redo-Protokoll fällt sofort bei dem Versuch, es zur Aktualisierung zu verwenden, auf. Es ist also erheblich leichter, die Zuverlässigkeit der Ausfallsicherheit plausibel nachzuweisen.

Auch bei Extended RAC gibt es das beschriebene Problem nicht, da der zweite Standort jederzeit produktiv (lesend und schreibend) im Einsatz ist.

Der nahezu universalen Einsetzbarkeit und Popularität von Remote Mirroring stehen also – jedenfalls was die Implementierung von Hochverfügbarkeit für Oracle-Datenbanken betrifft – einige gravierende Gesichtspunkte gegenüber, die zugunsten von Data Guard sprechen. Eine (auch ökonomisch) sinnvolle Möglichkeit könnte die Kombination von Data Guard und Remote Mirroring sein:

Die unternehmenskritische Oracle-Datenbank wird mit Data Guard und *Maximum Availability* im MAN-Bereich durch eine Standby Datenbank, wie in 4.2 beschrieben, abgesichert, während zu demselben Standort sonstige (applikatorisch) wichtige Dateien mit (asynchronem) Remote Mirroring gespiegelt werden. Denn wenngleich der Fokus dieser Arbeit auf Hochverfügbarkeit von Oracle-Datenbanken liegt, ist es klar, dass die Datenbank nicht die einzige wichtige Komponente der IT-Infrastruktur ist, die es abzusichern gilt. Gerade für diese Komponente gibt es jedoch effizientere und zuverlässigere Möglichkeiten als Remote Mirroring, die zudem noch einen höheren ROI bieten. Sowohl (Extended) RAC als auch Data Guard können – wie bereits gezeigt – auch dann produktiven Nutzen spenden, wenn kein Schadensfall eintritt.

8.5 Zusammenfassung zu den Alternativen

Sofern die zugrundeliegende Geschäfts-Anforderung auf das Erzielen von Hochverfügbarkeit für Oracle-Datenbanken abhebt, erscheint Data Guard in der überwiegenden Zahl von Fällen als die Lösung, die sowohl aus technologischer als auch aus wirtschaftlicher Perspektive zu bevorzugen ist. Dies gilt sowohl für die von Oracle selbst angebotenen Alternativen als auch für Lösungen von anderen Herstellern.

Ein herkömmlicher RAC bietet gewiss Vorteile hinsichtlich Skalierbarkeit und Performancesteigerung; Hochverfügbarkeit wird bei Ausfall eines Rechners gewährleistet, nicht jedoch im Falle einer Katastrophe, die den ganzen Standort betrifft.

Die Kombination von RAC und Data Guard, genannt Maximum Availability Architecture, hebt diese Schwäche von RAC zwar auf, führt jedoch zu verhältnismäßig hohen Kosten sowohl für die Anschaffung als auch für den laufenden Betrieb, da die zugrundeliegende komplexe Architektur ein hohes Maß an Know-How bei den damit befassten Datenbank-Administratoren erfordert. Der *Total Cost of Ownership* ist hier also relativ hoch, was nur mit dem über reine Hochverfügbarkeit hinausgehenden Nutzen gerechtfertigt werden kann.

Ein Extended RAC bietet gegenüber einem herkömmlichen RAC einen gewissen Katastrophenschutz bei Ausfall eines Standorts, sofern die Katastrophe lokal begrenzt bleibt, da aus Kostengründen bzw. aus Performance-Gründen die Distanz zum zweiten Standort den MAN-Bereich i.d.R. nicht überschreitet. Falls die verhältnismäßig teure dedizierte Netzwerkverbindung zur Spiegelung des Shared Storage bereits vorhanden ist, könnte diese Alternative wirtschaftlich vertretbar sein, zumal beide Standorte voll produktiv benutzbar sind – anders als bei Data Guard, wo die Standby

Datenbank am zweiten Standort nur teilweise produktiv einsetzbar ist. Schutz vor regionalen Katastrophen kann allerdings so nicht erreicht werden.

Die Lösung Remote Mirroring – unabhängig vom konkreten jeweiligen Hersteller - besticht zunächst durch ihre geradezu universale Einsetzbarkeit und ihren hohen Verbreitungsgrad. Speziell für das Ziel, Hochverfügbarkeit für Oracle-Datenbanken zu ermöglichen, ist sie jedoch weniger effizient als Data Guard, u.a. da bei Data Guard das zu übertragende Datenvolumen weitaus geringer ist. Zudem ergeben sich bei Data Guard zusätzliche Möglichkeiten der produktiven Nutzung des zweiten Standorts (s. Kap. 7). Außerdem besteht bei Remote Mirroring das gleiche Problem wie bei Extended RAC, was die Erzielung von Schutz vor regionalen Katastrophen betrifft. Zero-Data-Loss kann i.d.R. nicht für Distanzen außerhalb des MAN-Bereichs erzielt werden, während dies bei Data Guard immerhin bis zu einer Entfernung von ca. 300km möglich ist.

Oft könnte eine Kombination von Remote Mirroring und Data Guard sinnvoll sein: Data Guard für die unternehmenskritische Oracle-Datenbank und Remote Mirroring für weitere Applikationen, die nicht mit eigenen Technologien eine vergleichbare Ausfallsicherheit ermöglichen.

Lösung	Nutzen	TCO	Katastrophenschutz
Data Guard	Hochverfügbarkeit, diverse zusätzliche produktive Nutzungs- möglichkeiten	Gering	Ja
RAC	Hochverfügbarkeit bei Rechnerausfall, Skalierbarkeit, Performance- steigerung	Mittel	Nein
MAA	Wie RAC + Data Guard	Hoch	Ja
Extended RAC	Wie RAC	Mittel	MAN-Bereich
Remote Mirroring	Hochverfügbarkeit	Gering	MAN-Bereich

Tab. 2 Hochverfügbarkeitslösungen im Überblick (Eigene Darstellung)

Fazit

Die (hohe) Verfügbarkeit von IT-Systemen und der darin abgebildeten Daten ist für viele Unternehmen und öffentliche Institutionen sowohl aus wirtschaftlichen Gründen als auch aus rechtlichen Erwägungen eine nicht zu hintergehende Anforderung. Da die jeweilige Leitung ggf. rechtlich verantwortlich gemacht werden kann, sollte sie in die organisatorische Planung einer Hochverfügbarkeitslösung involviert sein. Das stellt außerdem am ehesten eine hohe Akzeptanz und „Durchschlagskraft" für die Umsetzung eines entsprechenden Projektes innerhalb der Organisation sicher.

Die Auswahl einer Lösung sollte nicht allein unter technologischen, sondern ebenso unter ökonomischen und organisatorischen Gesichtspunkten erfolgen. Sofern Hochverfügbarkeit einer für das Unternehmen bzw. für die öffentliche Institution unverzichtbaren Oracle-Datenbank angestrebt wird, spricht gemäß der vorliegenden Arbeit vieles für Data Guard als Hochverfügbarkeitslösung: So kann je nach Geschäftsanforderung ein angemessen niedriger RPO erzielt werden – vom zweistelligen Sekundenbereich bis „Zero-Data-Loss", bei gleichbleibend niedrigem RTO im einstelligen Minutenbereich. Hierzu kann innerhalb von Data Guard unter drei verschiedenen Schutzmodi gewählt werden, um die für den jeweiligen Bedarf optimale Balance aus RPO und aufzuwendenden Kosten zu erlangen.

Das Erreichen des wichtigsten Ziels – Hochverfügbarkeit, sowohl bei ungeplanter als auch bei geplanter Ausfallzeit - wird begleitet von einem geringen TCO, der aus der Möglichkeit des Einsatzes von Commodity-Hardware, niedrigem Administrationsaufwand sowie diversen zusätzlichen produktiven Nutzungsmöglichkeiten resultiert.

Insbesondere die Minimierung der geplanten Ausfallzeit, die vielfach den überwiegenden Anteil an der gesamten Ausfallzeit hat, ist eine Stärke der hier betrachteten Hochverfügbarkeitslösung, die von den analysierten Alternativen nicht bzw. nicht in demselben Umfang erreicht wird und die schnell zu einem – leicht quantifizierbaren – *Return on Investment* führt, da die ansonsten entstehende geplante Ausfallzeit bekannt ist.

Der ROI bzgl. ungeplanter Ausfallzeit ist naturgemäß weniger leicht quantifizierbar, läßt sich aber gleichwohl abschätzen, wenn etwa die Kosten, die der Ausfall einer kritischen Oracle-Datenbank pro Stunde verursachen würde, den relativ moderaten Kosten der Implementierung und des Betriebs von Data Guard gegenüber gestellt werden.

Literaturverzeichnis

AKHTAR, AUF/ RIZVI, SYED S./ ELLEITHY, KHALED M. (2005): *A Novel Approach of Using Data Guard for Disaster Recovery & Rolling Upgrades*. Computer Science and Engineering Department, University of Bridgeport

AKTG (2009): *Aktiengesetz der Bundesrepublik Deutschland*.
http://bundesrecht.juris.de/aktg/index.html (URL vom 28.12.2009)

ASHDOWN, LANCE/ KYTE, TOM (2009): *Oracle Database Concepts, 11g Release 2 (11.2)*. Oracle Corporation

BABB, ANDREW (2007): *Minimal Downtime Migration to ASM using Oracle Data Guard 10g*.
http://www.oracle.com/technology/deploy/availability/pdf/maa_wp_10gr2_asmmigrationwi thdg.pdf (Url vom 28.12.2009). Oracle Corporation.

BABINEAU, BRIAN (2006): *Double Up with Database Data Protection and Disaster Recovery with Oracle Data Guard*.
http://www.informationweek.com/whitepaper/Storage/wp100385;jsessionid=BVYTVPRT5 1YJNQE1GHOSKH4ATMY32JVN?articleID=100385 (URL vom 28.12.2009). Enterprise Strategy Group.

BAFIN (2009*): Rundschreiben 15/2009 (BA) - Mindestanforderungen an das Risikomanagement - MaRisk*.
http://www.bafin.de/cln_152/nn_722758/SharedDocs/Veroeffentlichungen/DE/Service/Run dschreiben/2009/rs__0915__ba__marisk.html#doc1650106bodyText19 (URL vom 28. 12. 2009)

BRADLEY, KEVIN ET AL. (2009): *Shire Pharmaceuticals Deploys Oracle Grid Computing Model to Lower Costs and Increase Reliability*.
http://www.oracle.com/technology/deploy/availability/htdocs/shire_casestudy.html (URL vom 28.12.2009). Shire Pharmaceuticals.

BROOKS, CHARLOTTE et al. (2007): *IBM System Storage Business Continuity: Part 1 Planning Guide*. IBM Corporation.

CARPENTER, LARRY ET AL. (2009) *Oracle Data Guard 11g Handbook. Undocumented Best Practices and Real-World Techniques*. Mc Graw Hill, New York

CHINTALA, SREEKANTH (2008): *Increase ROI on Disaster Recovery Infrastructure. Implementing "Snapshot Standby" on Oracle 11g and 10g*.
http://www.oracle.com/technology/deploy/availability/htdocs/Dell_CaseStudy.html (URL vom 28.12.2009). DELL Inc.

CISCO (2006): *Data Center High Availability Clusters Design Guide*. Cisco Systems Inc.

CLAUNCH, CHRISTOPH (2004): *Management Update: Best Practices in Business Continuity and Disaster Recovery*. Gartner (IGG-03172004-01)

DECUSATIS, CASIMER (2008): *Fiber Optic Data Communication. A Practical Guide to Optical Networking*. Elsevier Academic Press, Burlington

DUMITRAS, TUDOR/ NARASIMHAN, PRIYA (2009): *No Downtime for Data Conversions: Rethinking Hot Upgrades.* Carnegie Mellon University, Pittsburg

EAGLE ROCK ALLIANCE (2001): *2001 Cost of Downtime.* http://www.contingencyplanningresearch.com/2001%20Survey.pdf (URL vom 28.12.2009)

ENWG (2005): *Energiewirtschaftsgesetz der Bundesrepubik Deutschland.* http://bundesrecht.juris.de/enwg_2005/ (URL vom 28.12.2009)

FRÖHLICH, LUTZ (2008): *Oracle 11g - Performance Forecast: Aktuelle und zukünftige Performance-Probleme erkennen und vermeiden.* Carl Hanser Verlag, München

GEHRING, HERMANN (2008): *Informationsmanagement und Unternehmensführung.* Studienbrief des Hagener Instituts für Managementstudien e.V. an der Fernuniversität in Hagen.

GIRONE, MARIA/ WOJCIESZUK, JACEK (2007): *Cross-Platform Database Migration using Oracle Data Guard - a CERN Case Study.* http://indico.cern.ch/getFile.py/access?contribId=42&sessionId=6&resId=0&materialId=pa per&confId=20080 (URL vom 28.12.2009). CERN

GRAHAM, COLLEEN/ SOOD, BHAVISH/ HORIUCHI, HIDEAKI/ SOMMER, DAN (2009): *Market Share: Relational Database Management System Software by Operating System, Worldwide, 2008.* Gartner (ID G00169004)

HELD, ANDREA (2005): *Oracle 10g Hochverfügbarkeit. Die ausfallsichere Datenbank mit RAC, Data Guard und Flashback.* Addison-Wesley, München

HIATT, CHARLOTTE, J. (2000): *A Primer for Disaster Recovery Planning in an IT Environment.* Idea Group Publishing, Hershey

HINTEMANN, RALPH (2007): *Datenspiegelung über große Entfernungen (Wide Area). Ein Leitfaden zu Begriffen und Technologien.* BITKOM, Berlin.

HUMPHREY, ANNE (2005): *Beyond Buy-In: The Case for Executive Level Involvement in Developing a Business Continuity Plan.* http://www.sans.org/reading_room/whitepapers/recovery/beyond_buyin_the_case_for_exec utive_level_involvement_in_developing_a_business_continuity_plan_1626 (URL vom 28.12.2009) SANS Institute

IEEE (2002): *IEEE Standard for Local and Metropolitan Area Networks: Overview and Architecture.* IEEE Computer Society, New York.

IEEE (2009): *What is HA?* http://www.ieeetcsc.org/high-availability.html (URL vom 28.12.2009). IEEE Computer Society Technical Committee on Scalable Computing (TCSC)

KAPUSTA, SVETOZÁR (2009): *Update on activities for the physics database services.* http://cern.ch/openlab-mu-internal/Documents/3_Presentations/Slides/2009-list/Openlab_Minor_Review_17March_Eva&Sveto.pdf (URL vom 28.12.2009). CERN

KNOLMAYER, GERHARD/ WERMELINGER, THOMAS (2006): *Der Sarbanes-Oxley Act und seine Auswirkungen auf die Gestaltung von Informationssystemen.* Institut für Wirtschaftsinformatik der Universität Bern.

LILLY (2006): *Warehouse Replication Using Oracle Data Guard and Logical Standby.* http://www.oracle.com/technology/deploy/availability/pdf/oow06/S281211_Lilly.pdf (URL vom 28.12.2009). Eli Lilly & Company

MARCUS, EVAN/ STERN, HAL (2003): *Blueprints for High Availability.* Wiley Publishing, Indianapolis.

MIRZOEV, Timur (2009): *Synchronous replication of remote storage.* Journal of Communication and Computer, Mar. 2009, Volume 6, No.3 (Serial No.52)

ORACLE (2009a). *Oracle Real Application Clusters.* http://www.oracle.com/technology/products/database/clustering/pdf/ds-rac_11gr2.pdf (URL vom 28.12.2009). Oracle Corporation.

ORACLE (2009b): *Oracle Data Guard and Remote Mirroring Solutions.* http://www.oracle.com/technology/deploy/availability/htdocs/DataGuardRemoteMirroring.html (URL vom 28.12.2009). Oracle Corporation.

PAKALA, MAHESH (2009): *Implementation of SAP Applications Using Oracle Maximum Availability Architecture Best Practices. With Oracle RAC, Oracle Data Guard, Oracle Recovery Manager & Oracle GRID Control.* Dell Inc., Global Infrastructure Consulting Services.

PATTERSON, DAVID (2002): *A Simple Way to Estimate the Cost of Downtime.* In: Proceedings of LISA, 16th Systems Administration Conference, Berkeley 2002, S. 185-188.

PETERSON, ERIK (2006): *Oracle Real Application Clusters on Extended Distance Cluster.* Oracle Corporation.

PRESTON, CURTIS W. (2007): *Backup and Recovery.* O'Reilly Media, Sebastopol (California).

RAY, ASHISH (2005): *The Right Choice for Disaster Recovery: Data Guard, Strech Clusters or Remote Mirroring.* http://www.oracle.com/technology/deploy/availability/pdf/DRChoices_TWP.pdf (URL vom 28.12.2009). Oracle Corporation.

RICH, KATHY (2009): *Oracle Data Guard Concepts and Administration 11g Release 2 (11.2).* Oracle Corporation

ROSENKRANZ, FRIEDRICH/ MISSLER-BEHR, MAGDALENA (2006): *Unternehmensrisiken erkennen und managen - Einführung in die quantitative Planung.* Springer-Verlag, Berlin/Heidelberg 2006.

SCHMIDT, KLAUS (2006): *High Availability and Disaster Recovery: Concepts, Design, Implementation.* Springer, Berlin.

SCHUPMAN, VIV/ TO, LAWRENCE (2009): *Oracle Database High Availability Overview, 11g Release 2 (11.2).* Oracle Corporation.

SMITH, MICHAEL T. (2007): *Data Guard Redo Transport and Network Best Practices: Oracle Database 10g Release 2.* http://www.oracle.com/technology/deploy/availability/pdf/MAA_WP_10gR2_DataGuardNetworkBestPractices.pdf (URL vom 29.12.2009). Oracle Corporation.

SMITH, MICHAEL T./ TO, LAWRENCE/ SCHUPMANN, VIV (2008): *Oracle Data Guard 10g Release 2 Switchover and Failover Best Practices.* http://www.oracle.com/technology/deploy/availability/pdf/MAA_WP_10gR2_SwitchoverF ailoverBestPractices.pdf (URL vom 28.12.2009). Oracle Corporation.

SOLLBACH, WOLFGANG (2002): *Storage Area Networks/Network Attached Storage . Hohe Datenverfügbarkeit durch Speichernetzwerke.* Addison-Wesley, München

TKG (2004): *Telekommunikationsgesetz der Bundesrepublik Deutschland.* http://bundesrecht.juris.de/tkg_2004/index.html (URL vom 28.12.2009)

TROPPENS, ULF (2008): *Speichernetze. Grundlagen und Einsatz von Fibre Channel SAN, NAS, iSCSI und InfiniBand.* dpunkt.verlag, Heidelberg.